겁 없이 도전하라

최호길 지음

청어

겁 없이 도전하라
-IT 개발과 운용에서 성공하기

최호길 지음

발행처 · 도서출판 청어
발행인 · 이영철
영　업 · 이동호
홍　보 · 최윤영
기　획 · 천성래 | 이용희
편　집 · 방세화 | 이서윤
디자인 · 김바라 | 서경아
제작부장 · 공병한
인　쇄 · 두리터

등　록 · 1999년 5월 3일
(제321-3210000251001999000063호)

1판 1쇄 인쇄 · 2014년 11월　1일
1판 1쇄 발행 · 2014년 11월 10일

주소 · 서울특별시 서초구 효령로55길 45-8
대표전화 · 586-0477
팩시밀리 · 586-0478

홈페이지 · www.chungeobook.com
E-mail · ppi20@hanmail.net
ISBN · 979-11-85482-66-8 (13320)

이 도서의 국립중앙도서관 출판시도서목록(CIP)은 서지정보유통지원시스템 홈페이지
(http://seoji.nl.go.kr)와 국가자료공동목록시스템(http://www.nl.go.kr/kolisnet)에서 이용하실 수
있습니다.(CIP제어번호: CIP2014028351)

겁 없이
도전하라

IT 개발과 운용에서 성공하기

　나는 컴퓨터 업계에 발을 붙이게 된 것에 대해 후회하고 있지는 않은가?

　가끔 지인들로부터 내 경험들을 책으로 써보면 좋겠다는 얘기를 들었으나 들은 척도 하지 않았다. 글 쓰는 데 전문이 아니어서, 또는 글맵시가 서툴기도 하고, 누구나 하는 당연한 일을 뭘 잘했다고 떠드는가 하는 소극적인 생각도 많았다.

　우연히 지앤선이라는 출판사에서 출간한 『소프트웨어 아키텍트가 알아야 할 97가지』를 보게 되었는데 역자 서문에 이런 문장이 눈에 띄었다.

　'아키텍트로서 성장하기 위한 길은 어디에 있는 것일까? 누구에게 아키텍트로 가는 길을 물어야 하며, 조언을 구해야 할 것인가? 국내 현실상 산전수전 다 겪은 나이 지긋한 아키텍트를 만나기란 하늘의 별따기였습니다.'

　나는 감히 용기를 가질 수 있었다. 둘째 아들놈이 책 쓰라며 성화와 함께 던져준 위드덤하우스에서 출간한 『내 인생의 첫 책쓰기』도 큰 결심을 굳히는 데 한몫하였다.

　평소 메모를 즐기는 편이라 자료는 꽤 준비되어 있었지만, 그래도 문장력이나 적절한 단어 찾기에 골몰할 시간이 더 많이 필요했다. 이 얘기를 전하면서 후배들은 과연 공감할까, 어떤 평가를 내릴까 궁금하기도 하다. 과정 중에 만난 초면의 사람들도 곧 나올 책에 관심이 있다고 하니, 실망을 안기면 안 되는데 걱정도 된다. '지 자랑했구만!' 한다면 부끄럽기도 하고 할 말도 없다.

설사 오만방자하게 보일지라도 만화책 보듯이 설렁설렁 읽어보기 바란다. 오랫동안 개발의 문제점을 고민한 결론을 체험수기처럼 쓴 것이므로 IT 전문가가 되고자 하는 사람들에게는 작으나마 참고서가 되기를 기대한다.

준비 과정에서 개발자나 PM들을 만나서 대화도 해 보았고, 개발 프로젝트의 실패 사례도 목격하면서 개발 실패의 원인이 어디에 있는지 나의 경험과 비교해 보았다. 답은 업무의 분석 능력과 특성 파악 능력을 소홀히 한 데 있다는 것이다.

소프트웨어 공학의 분석방법론이나 분석기법을 설명하고자 함이 아니다. 방법론에 관한 서적은 많은데, 분석 능력이나 특성 파악 능력을 키우는 방법이나 필요성에 대한 책은 찾기 힘들었다. 특히 필요성을 찾아낸 체험 수기는 더더욱 찾기 힘들었다. 나는 나의 경험을 토대로 여러분들의 분석 능력을 키우는 방법을 제시하고자 한다.

분석 능력을 키운다는 것은 다만 소프트웨어 개발에 국한되지 않는다. 분석 능력을 키우면 삶을 보는 시각에도 차이가 생기고, 심지어 리더십의 필요성도 알게 된다. 분석 능력에 달인이 되면 자녀들의 재능과 특성 파악을 할 수 있어 자녀교육에도 큰 도움이 된다. 자녀들의 특성 파악과 해법에 대하여 조만간 별도로 이야기할 기회가 있을 것이다.

단일 프로젝트를 단독으로 분석하여 개발을 완성해본 개발자는 그리 많지 않을 것이다. 근자에는 프로젝트 단위가 커서 여러 사람이 협업으로 개발에 동참하기 때문에 더더욱 그러할 것이다. 그런 면에서 나는 행운아였다. 어려운 점이 많았으나 성취감을 맛보는 행복의 순간이 더 많았으며 현재까지 그 행복감이 지속되고 있기 때문이다.

소프트웨어공학 서적은 많다. 내가 읽을 때도 헷갈리는 때가 많았는데 IT를 막 시작하는 학생들은 과연 얼마나 이해하고 적용할 수 있을까 궁금해지기도 하였다. 사실 알고 보면 이해할 수 있는 똑같은 의미인데도 한글과 영어의 단어 차이로 읽는 사람이 혼란스럽게 된다. (독해에 자신 있는 기술자들은 차라리 원서 읽기를 권한다. 더 확실하게 이해할 수 있다.)

이 책은 읽고 이해하기 어려운 이론서가 아니다. 생생한 현장의 개발 사례를 통하여 해법을 찾는 것이 개발자들 마음에 훨씬 가깝게 다가오고, 이해하기 쉽겠다는 생각을 해 봤다. 오랫동안의 개발과 구축 경험을 정리하여 개발자에게 처해 있는 문제가 무엇인지, 더 쉽게 개발할 방법은 없는지, 개발에서 실패를 줄일 수 없는 방법은 무엇인지 사례를 통하여 답을 주고자 만든 책이다.

내가 감히 분석 능력과 특성 파악 능력을 키우라고 강조하게 된 동기가 있다. 소프트웨어 개발에도 도(道)가 필요하다는 생각을 하게 되었고, 병을 근본적으로 완치시키려면 발병의 원인을 찾는 데 주력해야지 치료법부터 찾으면 안 된다는 결론을 얻은 것이다.

도전하라. 행여 실패를 하더라도 도전하라. 도전으로 기회의 밥그릇을 준비하는 또 다른 스펙을 쌓을 수 있다. 도전 없이 여유 시간을 소비하느니 비록 실패한다 하더라도 남는 것은 있을 테니까 겁내지 말고 도전하기를 권한다.

나는 겁 없이 마지막이 될지도 모를 또 다른 도전을 시작하고 있다.

바로 글쓰기에 도전하는 것이다.

글쓰기에 문외한일지라도 주위의 도움으로 책을 내는 것이다.

겁도 없이 IT에 도전했을 무렵부터 무작정 쳐들어가 질문했을 때 주저 없이 자신의 애지중지했을 기술과 지식을 전해주신 많은 분들과 태백·정선에서 나의 성공을 진심으로 기원해주는 친구들, 강원랜드 직원들, 초등학교 친구들, 고등학교 친구 및 클럽 친구들, 대학과 대학원 동기들과 클럽 친구들, 군 생활을 함께 했던 장사병들, 사회생활에서 만나 진정한 우애를 나누고 있는 여러 지인들께도 지면을 통해서나마 그동안의 관계에 대해 진심을 다하여 감사드린다.

청어출판사의 이영철 대표님께도 감사드린다. 수많은 출간 원고를 받을 텐데 졸작의 출간을 결정해주시고 용기를 주셨다. 희망을 주지 않으셨다면 아마 대단히 실망했을 것이고, 앞으로도 글쓰기는 영원히 포기했을지도 모른다. 편집장님과 출판사 직원들의 정성 어린 수고에도 감사드린다. 내 일이 아니면 대체로 등한시하는 게 우리의 일반적인 행태임을 잘 아는데 자신의 일처럼 애써주셨기 때문에 깔끔하게 마무리되지 않았을까.

다섯 남매를 키우면서도 혹 같은 동생마저 공부시키느라 애쓰신 큰형님과 큰형수님께 지면을 통해서나마 감사드린다. 더불어 나의 성공을 기대하며 묵묵히 지켜봐 준 혈육으로 뭉쳐진 형제들에게도 감사를 드린다고 말로 표현할 수밖에 없다.

가족은 살을 맞대야 행복을 느낀다고 했는데 선웅, 선걸 두 아들에게 그러지 못했음이 미안할 따름이다. 아이들이 어려서부터 개발입네, 출장입네 하여 아비가 없는 거나 마찬가지로 사춘기를 거치면서도 묵묵히 잘 자라주어 고마울 따름이다. 표현은 서툴렀지만 예전부터, 지금까지, 그리고 앞으로도 계속 사랑하고, 할 것이라고 얘기해주고 싶다.

나의 도전은 죽는 날까지 계속될 것이다. 돌아가신 어머니, 아버지! 두 분의 아들로 태어났음에 감사드립니다. 끝까지 지켜봐 주십시오. 그리고 당신의 자식들을 지켜주십시오.

01

강원랜드와의

인연

카지노 산업의 이해

카지노는 잘 모르는 사람들에게는 '카지노=도박' 으로 각인되어 있다.

독자들의 이해를 돕기 위하여 카지노 세계를 간단히 설명하고 넘어간다. 고스톱, 짓고땡, 삼봉 등 이른바 도박과 관련된 게임이 많지만 이들은 국가에서 관여하지 않는 개별적인 '돈 내고 돈 먹기' 이므로 법적으로 도박에 해당하고 제재를 받는다. 이도 법적으로 허용하고 세금을 추징한다면 도박의 제재에서 해제될 것이다.

법적으로 도박이 아닌 게임이나 레저로 허용된 게임은 복권(Lottery)이 시초이다. 미국이 서부 개척시대에 투자비를 조달하기 위한 방법으로 복권을 탄생시킨 것이다. 전 국민으로부터 세금으로 조달한다면 반발이 심했을 테니 복권으로 활로를 찾은 셈이다. 우선 푼돈은 복권을 사는 데 거부감이 없고, 만에 하나 당첨이 되면 일확거부가 된다는 희망을 가지게 되고, 정부의 입장에서 보면 엄청난 자금을 모을 수 있는 기회가 주어지기 때문에 정책대로 성공을 거두었다. 우리나라도, 저개발국가에서도 대부분 복권사업을 추진하는 이유이다.

국민 누구 하나 복권을 도박이라 생각하는 사람도 없고, 없애라고 아우성치거나 데모하지도 않는다. 오히려 자신에게 당첨의 기회가 오기를 고대하며 복권에 매달리기도 한다. 푼돈으로 게임을 하기 때문에, 또한 일주일에 한 번씩 오는 기회이기 때문에 '복권 사서 패가망신했다' 는 소문도 없다.

카지노도 같은 맥락이라 볼 수 있다. 미국 네바다 주의 사막을 개발하기 위하여 카지노를 허가한 것이고, 지금은 노년층의 여가 시간을 위한다는 명목의 깊은 뜻도 내포되어 있음을 알아야 한다. 실제로 미국의 어느 도시는 노인들에게 매일 일정 금액을 주고 무료 셔틀버스로 카지노까지 안내하여 점심도 무료로 제공하고 하루를 즐겁게 보내도록 하고 있다.

카지노는 이제 전 세계에서 세수 마련 및 여가 활용으로 도입·활성화되고 있다. 가장 좋은 예로 예전에는 카지노 하면 미국의 라스베이거스였지만, 지금은 중국의 마카오가 훨씬 유명해졌고 마카오 주민들의 생활도 예전에 비하여 윤택해진 것이 사실이다.

카지노도 복권처럼 많은 사람들로부터 푼돈을 모아 한 사람에게 대박을 선물하는 원리이다. 거기에 시간 가는 줄 모르고 즐길 수 있는 재밋거리를 더한 것이다. 여기에 일반인들이 모르는 인간 말초신경을 이용하고, 도박 심리를 자극하는 마법이 숨어있다.

예들 들면 슬롯머신의 승률을 보자. 대체로 머신의 승률은 90% 이상이 되며, 심지어 98%까지 되는 머신도 있다. 우리나라 게임 산업에서 한때 전국을 떠들썩하게 했던 '바다이야기' 는 승률이 100% 넘는 것도 있었다. 어찌 이런 일이 가능했을까?

일부 지인들은 나를 만나면 승률을 조작하여 대박을 안겨달라고 하기도 하고, 딜러가 속임수를 써서 고객이 돈을 절대로 딸 수 없다고 얘기하곤 한다. 이는 터무니없는 얘기이다. '바다이야기' 는 국가에서 시스템적으로 통제하지 않기 때문에 충분히 가능성이 열려있을 수 있지만, 허가된 카지노는 그럴 수도, 그럴 필요도 없는 페어플레이를 강조하는 머신게임이다. 간혹 있다는 소문도 있었지만 아주 소규모 카지노에서나 들을 수 있다. 왜냐하면 머신의 경우 머신 내부 시스템적으로 게임이론에 의한 회사가 정한 최소의 수익률을 보장받고 있기 때문에, 굳이 수시로 조작할 필요도 없을뿐더러 정부로부터 주기적인 승률에 대한 검사와 통제를 받기 때문이다. 테이블게임도 조작하거나 타짜 급의 딜러를 키울 하등의 이유가 없다. 우선 딜러의 경우, 고객과 딜러의 경쟁이 아니고 회사 수익과 무관하기 때문에 딜러는 승패와 아무런 관련이 없다. 때문에 딜러는 경쟁의식도 없을 뿐더러 카드나 공손히 순서에 의해 배달해주는 단순 업무나 할 뿐이다. 혹, 딜러가 계속 지면 뒤에 있는 관리자는 딜러의 컨디션 문제로 생각하여 딜러를 바꾸면 그만이다.

블랙잭이나 바카라 같은 카드게임에서 확실히 이기려면 최소 300매 이상의 카드 배출을 기억하고 다음 카드가 무엇일지 예측 가능하다면 모를까, 승률은 50% 미만이다.

머신의 속내를 보자. 계산 편하게 승률 90%로 예를 든다. 고객이 10,000원을 투입하면 승률이 90%이므로 9,000원을 돌려준다. 다시 9,000원을 넣으면 900원을 뺀 나머지를 돌려준다. 이것이 승률 90%이다. 매번 10%를 떼는 것은 회사의 수익금이 된다. 이런 식으로 계속하면 30초 이내에 10,000원은 기계 속으로 다 빨려 들어가게 된다.

그러나 머신이 항상 돈을 흡입하지만은 않는다. 적당한 시간에 게임의 논리에 의해 잔돈푼 정도는 뱉어준다. 때로는 고객에게 대박을 안겨주기도 한다. 여기에 인간의 심리를 최대한 이용하는 마법이 적용된다.

고객은 돈이 들어가면 들어갈수록 '곧 대박이 터질 거야!' 라는 기대심리가 자리를 옮기거나 뜨게 하는 행동의 통제력을 지배하게 된다. 고객은 돈이 계속 들어가도 한 번은 터질 거라는 기대심리가 있어 자리를 뜨지 못하는 것이다.

하여 재수 좋은 사람은 10,000원이 다 빠지기 전에 100,000원, 1,000,000원을 따기도 하고, 더 재수 좋은 사람은 프로그레시브 잭팟(Progressive jackpot)이라 하여 수천만 원, 수십억 원의 대박을 터뜨려 언론에 회자되기도 한다. 행여 100,000원이 터진 사람은 딴 돈(공돈)이므로 그 돈만큼은 잃어도 상관없다거나, 더 큰 뭉칫돈이 터질지도 모른다는 기대로 시간가는 줄 모르고 게임에 빠져들게 된다.

카지노는 머리를 식히기 위한 놀이로 생각하고 즐기기 바란다. 오히려 복권은 표를 사서 기다릴 뿐이므로 도박일 수 있지만, 카지노는 투자한 만큼 즐길 수 있는 고도화된 게임일 뿐이다.

강원랜드 입사 에피소드

40대 중반에 강원도에 있는 지인의 회사에 잠깐 몸담은 적이 있다.

강원도는 지금도 마찬가지지만 굵직굵직한 회사들이 없어 소프트웨어 개발용역이 거의 없다. 그나마 공공기관이 기회의 터이지만 용역이 나오면 거의 모두 서울업체들이 내려와 독식을 하기 때문에 지방 중소기업은 기회가 많지 않았다. 그나마 막 설립된 강원랜드가 기회의 땅이라 할 수 있었다.

막상 영업을 하려 해도 간부급들 중에 알만한 분들이 하나 없어 면담의 줄 대기도 쉽지 않았다. 나의 개발 경력으로 확실한 것 중 하나가 항공 계통이었는데, 우연히 모교인 항공대학에 들렀다가 항공교통관제소(ACC; Area Control Center)에서 프로젝트를 준비하고 있다는 이야기를 들었다. 조건은 산학협동 프로젝트였다. 학교에서도 프로젝트에 참여하고 싶었지만 기술적 뒷받침이 필요하던 차였다. 예산은 17억 정도였는데 결코 작은 프로젝트는 아니어서 공동개발하기로 약속하고 항공교통관제소와 면담을 추진하였다.

틈틈이 강원랜드 용으로 '갬블링(Gambling)에 대한 이해와 한국 카지노 산업'이란 제목으로 4페이지 분량의 제안서를 작성해 두었다. 이는 강원랜드 임원들이 거의 카지노 전문가들이 아니라는 데 착안하였다. 그리고 강원랜드 전무님을 뵐 수 있는 기회를 얻게 되었다.

전무님은 인상은 매우 온화해 보였으나 법대 출신답게 매우 깐깐하여 말 붙이기가 쉽지 않았다. 예를 들면 이렇다. 명함을 교환하자마자 나눈 대화이다.

"귀사의 자본금이 얼마입니까?"

"5천만 원입니다."

"귀사의 개발인력은 몇 명입니까?"

"네. 7명입니다."

"우리 회사 자본금이 얼마인지 아십니까? 1,000억 원입니다. 직원 수는 현재 250명이지만 카지노가 개장되면 2,000명이 되며 메인 카지노가 개장되면 3,000명이 될지 5,000명이 될지 모릅니다. 강원랜드 전사적 전산시스템 구축이 얼마나 방대하고 중요한지 압니다. 그래서 국내 굴지의 그룹사에서 면담요청이 와도 받아줄까 말까 하고 있는데 귀사에서 언감생심 우리 일을 해 보겠다고 하는 겁니까?"

당연하고 지당하신 말씀이어서 가슴이 답답해왔다. 전문가 아니시니 그렇게 생각할 수도 있겠구나 싶었다.

나는 가지고 간 제안서를 테이블에 올려놓으면서 말씀드렸다.

"시간 나실 때 한번 읽어보시면 조금은 도움이 되실지 모르겠습니다."

그리고 한마디 덧붙였다.

"전무님! 프로젝트가 아주 크다고 하여 수십 명 또는 수백 명을 투입하는 게 아닙니다. 또한 수십 명이 투입된다고 해도 프로젝트의 성공 여부는 한 사람에게 달려있습니다. 이는 지금까지 많은 프로젝트를 수행했고 단 한 번도 실패한 적이 없는 저의 경험입니다."

그리고 준비해 간 나의 경력을 간추린 이력서도 꺼내드렸다.

전무님께서는 그제야 초면에 너무 심한 말을 했다는 생각이 드신 모양이었다.

"내가 초면에 좀 심했지요? 소개받을 때 기술이 대단한 분이라 들었습니다. 자료 검토해보고 전화 드리겠습니다."

그 후 밖으로 나왔지만 좀 허탈하였다.

며칠 후 대구 항공교통관제소 면담약속이 성사되어 출장을 가게 되었다. 출장 결과는 아주 좋았다. 나는 항공관제를 전공했고, 공군에서 레이더관제를 담당했었고, 김포공항 레이더관제시스템을 개발하였고, 대구 항공교통관제소가 영종도로 이전할 때 시스템 제안에 참여하였고, 국내 최초 레이더관제 시뮬레이터를 개발하여 항공대학 학생들이 실습에 사용하고 있고, 소프트웨어 개발 전문이면서 경험이 많은 등 항공교통관제소 측으로 봐서는 믿음이 갈 수밖에 없었다. 계약 전이었지만 구두로 프로젝트 진행을 함께 할 수 있겠다는 느낌을 받고 가벼운 마음으로 사무실을 나왔다.

기쁜 마음으로 담배 한 대를 물었는데 낯선 전화가 와서 받았다. 강원랜드 비서실이라 했다.

"전무님께서 뵙고 싶어 하시는데 언제 시간이 되시느냐 묻습니다."

“제가 지금 출장 중이니 모레쯤 뵙겠다고 전해주십시오.”

하늘이 나를 버리지 않으셨구나. 이렇게 대형 건들이 순간적으로 풀리다니 꿈만 같았다. 강원랜드 같은 큰 회사의 전무님이 나를 보자고 전화를 하셨을 때는 뭔가 작은 일이라도 주실 생각이 아니겠는가 하는 생각이 들었다. 서로 바쁜 사람들인데 아무 일도 없이 만나자고 전화할 일이 어디 있겠는가.

강원랜드에서 전무님을 만났는데 다른 말씀은 없으시고 온 김에 사장님을 뵙고 가라고 하셨다. 이게 웬 횡재인가 했다. 사장님과 전무님이 결심하시면 프로젝트 만드는 것과 따는 것은 떼놓은 당상이었다.

전무님 안내로 사장실에 들어섰는데 웬일인지 전무님은 안내만 하시고 밖으로 나가셨다. 나는 사장님과 단둘이 앉아 카지노, 전산과 관련된 많은 얘기를 나누었다. 분위기는 매우 좋았고 나도 편하게 대답할 수 있어 좋았다.

한 시간이 훌쩍 넘어 사장님께서는 ‘내가 복이 많아 귀하와 같은 사람을 만나 함께 일할 수 있다면 좋겠습니다’ 하신다.

그때 순간적으로 ‘이게 아닌데’ 하는 생각이 들면서 사장님 주변을 힐끔 둘러보게 되었다. 그때까지 왜 내 눈에 띄지 않았는지 모르지만 처음부터 사장님 손에는 A4용지가 들려져 있었고, 얼핏 보니 빨간색 플러스 펜으로 줄도 쳐져 있고, 종이가 시뻘걸 정도로 빼곡히 낙서(메모)도 되어있는 게 눈에 들어왔다. 그 A4용지는 다름 아닌 내가 전무님께 드렸던 ‘갬블링(Gambling)에 대한 이해와 한국 카지노 산업’ 제안서였다. 나의 의도와 관계없이 나는 면접을 당하고 있었다.

그 정도에서 사장님 면담이 끝나고 전무님 방으로 들어갔다.

'사장님 잘 만나셨어요?' 하신다. 더 이상도 묻지 않으셨다. 차를 한 잔 주시면서 전산시스템 구축에 대한 현 상황의 고민을 털어놓으셨다. 시스템 구축에 관한 컨설팅 용역을 발주하였는데 결과물에 대해 전혀 신뢰할 수도 없고 쓸모도 없어 잔금 지불을 미루고 있다고 하셨다. 그러면서 스몰카지노 개장이 10개월밖에 남지 않았는데 전산 발주 준비도 못하고 있다며 걱정하셨다.

나는 전무님을 만나기 전 영업 차원에서 담당과장을 두어 번 만났기 때문에 알고는 있었지만 전무님 말씀으로 문제가 예상보다 훨씬 심각하다는 걸 알게 되었다. 우선 시간적인 문제였는데 회사 전체 시스템을 처음 구축한다면 최소 빠르면 10개월에서 1년의 시간이 필요했는데 지금 발주를 낸다고 해도 이미 늦어 있었다.

그 후 며칠이 지나 전무님께서 도움을 요청하셨다.

"작은 회사에서 힘들게 일하지 마시고 여기에 와서 나랑 함께 일할 수 없겠소?"

"저는 회사 창업 멤버이고 사업에 대한 책임을 지고 있는 사람이라 회사를 옮기는 것은 좀 어려울 것 같습니다. 다른 도와드릴 일이 있다면 최선을 다해 돕겠습니다."

"그러면 좀 도와주시겠소? 우선 시스템 발주를 내야하는데 RFP 준비를 해줄 수 있겠소?"

"네. RFP 작성은 가능합니다. 저의 회장님께 승낙을 받아야 하겠지만 아마 허락하실 겁니다. 하게 되면 보안상 제가 여기에 와서 작업을 해야 하기 때문에 모텔방 하나, PC와 프린터 준비, 식대는 지급해주셔야 되겠습니다."

"그거야 당연한 일. 언제부터 가능하겠소?"

"준비되면 내일부터라도 시작하겠습니다."

"좋소. 고맙소."

사무실을 나오면서 머리가 많이 복잡해지고 있었다.

RFP 준비는 거의 한 달 작업인데 대구 일이 자꾸 마음에 걸렸다. 대구 일이 진행되려면 제안서도 써야 되고 수없이 항공대학과 항공교통관제소를 들락거려야 하는데……. 참 기회가 많아도 어려움이 동반되었다.

회장님을 만나 상의를 했다. 회장님은 나의 생각을 물었다. 혼자서 두 가지를 하기는 어렵고 한 가지를 포기해야 할 것 같은데 포기라면 대구가 먼저라고 말씀드렸다. 이유는 간단했다. 강원랜드는 지금부터 메인카지노까지 업무 추진이 계속 연이어 발생되고 사업규모도 대구보다 훨씬 크며 입지적으로 강원도에 있는 회사라 영업도 대구보다는 쉽지 않겠느냐가 나의 의견이었다. 회장님은 흔쾌히 대구를 포기하자고 하시고 강원랜드 지원을 승낙해 주셨다.

나는 항공대학과 항공교통관제소에 회사 사정으로 프로젝트 추진을 포기한다고 팩스를 보내고 다음날 간단히 짐을 챙겨 강원도 정선군 고한읍에 있는 모텔방에 투숙하여 한 달간 두문불출 작업에 몰두하였다. 한 달 정도 후에 RFP를 전무님께 전하고 철수하였는데 며칠 후 전무님께서 보자고 하여 다시 내려갔다. 사장님, 전무님은 내가 시작을 했으니 회사로 들어와서 마무리까지 해주기를 간절히 바라셨다. 아마 RFP 작업이 마음에 드신 모양이었다.

나도 마음이 흔들리기 시작했다. 지금까지 제안서를 쓰고, 프레젠테이션을 하고, 입찰에 참가하는 등 수없이 많은 일을 해왔지만 내가 발주해 본 일이 없어 한 번은 꼭 성공적인 시스템 구축을 해 보고 싶었다.

지금 강원랜드는 별천지의 세계가 되었지만, RFP 작성 차 처음 정선군 사북읍, 고한읍에 들렀을 저녁에는 식당도 구멍가게도 불빛 하나도 보이지 않는 암흑도시였다. 지금 메인카지노 자리에는 나무 판자로 다닥다닥 붙여 지은 판잣집들이 늘어서 있어 사진을 찍어놓아야 할 정도로 피폐해진 참담한 모습이었다. 강원도가 고향인 나는 마지막으로 고향을 위해 온몸을 던져보고 싶다는 속내가 강했지만 그렇게 되면 춘천의 회사가 걱정되었다.

나는 전무님의 고충도 알지만 회장님의 허락을 받아야 한다고 말씀드리고 돌아왔다. 회장님은 나의 미래를 위해서라도 강원랜드로 가는 게 좋겠다고 흔쾌히 말씀해주셨다.

그리하여 1999년 12월 초 강원랜드 정보전략실장으로 정식 입사를 하였다. 당시에 사무실이 부족하였는데 사장님의 배려가 매우 크셨다. 4명이 들어가기는 빠듯하지만 단독 사무실 하나를 배정해주셨는데, 서열과 상관없이 나와 과장의 책상을 나란히 하고 두 명의 책상을 각각 앞으로 좌우에 배치하기로 하였다. 나보다 먼저 입사하여 사정을 잘 아는 과장은 나의 책상 배치를 강하게 거부하였다.

하지만 나는 과장의 거부에도 단호하게 말하며 거부를 묵살하였다.

"우리가 일을 얼마나 생산적으로 하느냐가 문제이지 무슨 서열이고 권위가 문제냐? 내가 책임질 테니 시키는 대로 해라."

잠시 후 사장님과 전무님이 사무실 구경을 오셨는데 사장님이 물으셨다.

"최 실장 자리가 어딘가?"

과장 자리와 나란히 있는 내 자리를 보시더니 멀뚱히 윗분들 눈치만 살피며 서있던 과장을 엄청 나무라고 돌아가셨다. 강원랜드는 권위상 간부 책상이 가장 뒤에 있고, 칸막이도 직원 칸막이는 어깨 높이지만 간부 칸막이는 사람 키보다 높게 설치하는 게 관례였다. 하지만 나는 퇴직 때까지 내 책상만큼은 칸막이를 치지 않았다. 직원들과의 눈높이를 중요시했기 때문에 이를 고수하였다.

물론 프로젝트는 7개월 만에 완벽히 구축되어 스몰카지노가 정상적으로 개장하는 데 크게 기여하였음은 물론이다. 시스템 구축 과정은 후반에 별도의 장에서 설명하기로 한다.

강원랜드 근무 시절, 사장님과 전무님의 나에 대한 신뢰는 대단하셨다.

"정보 분야는 최 실장이 대표이사입니다. 정보 분야는 나도 최 실장의 결정에 따를 것입니다. 최 실장은 소신껏 사업수행을 하고, 건설본부는 설계변경이 있을 때 최 실장의 컴펌을 반드시 받으시오. 공정에 대한 자문도 구하고 설계변경에 따라 정보시스템의 설계변경이 생길지 모르니 반영을 해야 할 것입니다."

임원회의에서 이렇게 말할 정도로 나에게 전권을 주셨다.

IT 전문가들의 행로

우리나라 IT 분야 초창기의 한 시대를 동고동락했던 사람들은 지금 무슨 일을 하고 있을까? 이미 환갑을 지난 나이들이니 조용히 전원생활을 즐기고 있기나 한 것일까?

입사부터 퇴직까지 IT의 한 분야에서 줄기차게 종사하는 사람들은 그리 많지 않다. 우리가 소위 '철밥통'이라 부르는 공직이나, 기관에서 근무하는 사람들은 그런대로 말년까지 한 직장이나 업종에서 근무를 마무리하지만, 대체로 그렇지 못한 것이 우리의 현실이다. IT 분야 사람들의 행로를 볼 때 대체적으로 국가 자산의 손실이 아닐까 안타까울 때가 많다.

더군다나 우리나라는 땅덩어리도 작고, 인구수도 내수만으로 성장·발전하고, 유지하기 힘들며, 더구나 부존자원도 넉넉지 않아 수출이 안 되면 나라 경제를 걱정해야 할 만큼 지정학적으로도 열악한 환경의 국가이다. 하지만 3~40년의 최단기간에 세계적인 경제대국이 되었다는 데 대하여 민족의 위대함과 대한국인으로서의 자긍심을 갖지 않을 수 없다.

국민 모두가 인식하고 있듯이 지식산업, 특히 소프트웨어 산업에 대한 기대가 크다. 그러나 근자에 유능한 기술자들은 해외로 나간다고 하며, 소프트웨어 개발 업체에서는 일감도 없고 능력 있는 개발자를 찾기도 어렵다고 애를 태운다는 말을 자주 듣는다.

국내 컴퓨터업계의 선배로서 이런 이야기를 들을 때마다 걱정을 하지 않을 수 없다. 다른 분야도 비슷하겠지만 IT 전문가들에게는 어떤 인생행로가 펼쳐져 있을까?

20대에는 어렵게 소프트웨어 개발자 혹은 엔지니어로 취업을 하여 청운의 꿈을 안고 실무 경험을 하면서 실력을 쌓아간다.

30대가 되면 경험을 바탕으로 가장 활발한 개발 및 기술지원 업무에 매진하며 황금의 시기를 보내게 되고, 자신 있게 미래를 설계해 보기도 한다.

40대가 되어 변화가 생기기 시작한다. 사람에 따라 30대 중반부터 시작되기도 하지만 자의 반 타의 반으로 개발에서 손을 떼게 된다. 주로 퇴직을 하여 다른 업종으로 가기도 하지만 같은 업종이라면 영업부로 발령을 받게 된다. 혹자는 그동안의 경험과 능력을 바탕으로 창업을 하기도 한다. 영업이라는 업무가 그리 만만한 직종이 아니며, 사업 또한 그리 녹록하지 않아 실패하는 사람들이 많다.

50대에는 서서히 퇴출의 순서를 기다리게 된다. 생산력의 저하도 이유이겠지만, 치고 올라오는 생동감 있는 젊은 혈기와 힘겨루기에 버거워짐을 느끼기도 하고, 기력도 빠지고 있음을 스스로 알게 된다. 일부는 능력을 인정받아 임원의 꿈을 이루기도 하지만 과연 몇 명이나 될 것인가. 그때부터 나이 든 전문가들은 미래에 대한 혼란이 생기기 시작한다. IT 분야는 그런대로 기술이라도 있으니 IT 기술 유사 업종을 찾아볼 수도 있겠으나, 은행원 같은 경우 50대에 퇴직을 하면 아무것도 할 수 없다는 사례를 많이 보고 듣는다.

우리나라가 지식산업에 대한 기대를 많이 하고 있음에도 IT 기술자의 경험들이 사라진다는 것은 안타깝기 그지없다. 신기술도 중요하지만 생생한 실무 경험이 얼마나 중요한 자산인지 망각하고 있는 실태이다. 외국에서는 나이에 관계없이 60이 넘은 사람도 현직에서 개발을 계속하거나 후배를 양성하는 등 그동안의 경험들을 사회에 환원하는 기회가 많음을 볼 때 부럽기도 하다.

지금부터라도 '쓸 만한 사람이 없다', '기술력이 떨어진다' 로 치부할 일이 아니라고 본다. 전문성이 사라져 땅에 묻히지 않고 확대·재생산될 수 있는 분위기가 활성화되기를 기대한다.

내가 IT 분야에서 1980년부터 현재까지 꾸준히 개발과 시스템 구축에 종사할 수 있었던 것은 행운이며, 꾸준히 준비해온 덕분이 아니었을까 생각하며 후배들에게 이야기해 주고 싶다.

운명이란 없다. 인생에 3번의 기회가 있다고 하는데 이도 거부한다.

준비하면 운명은 개척이며 도전이고, 준비가 되어 있다면 기회는 수없이 많이 온다.

준비되어 있지 않으면 기회가 스쳐 지나감을 모른다. 준비된 자는 살아남는다. 기회를 담을 밥그릇을 키우라고 말해주고 싶다.

준비된 삶

세상에서 가장 확실한 진리와 진실은 자신이 직접 체험한 경험이다.

얼마 전(2012년 10월, 나이 60세) 아직도 내게 개발 능력이 남아있는지 시험해보고 싶은 생각이 들었다. 요즘 대세가 모바일 스마트 워크 (Mobile Smart work)[1] 시대라 신기술 습득의 차원에서 약 3개월에 걸쳐 참으로 오랜만에 안드로이드 앱(App)을 개발해냈다.

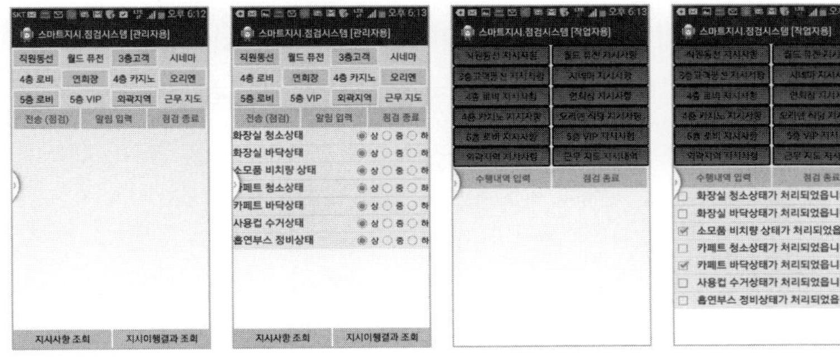

늦깎이에 연습으로 개발해 본 안드로이드 앱

거의 10년 동안 개발에서 손을 뗀지라 어렵고 UI[2]가 좀 허접하기는 했지만, 무난하게 3개의 앱을 개발했다. 청소 용역 업무를 나름대로 분석하여, 공부한 것을 시험 삼아 개발한 것인데 화면이 좀 구차해 보이기는 해도 당장이라도 사용이 가능할 정도로 잘 개발되었다. (우리나라는 화면설계에 시간을 많이 쓴다. 보기 좋은 떡이 먹기도 좋다 했으니 화면이 예쁘면 좋기는 하겠지만 사용방법이 어렵다면 화면 예쁜 것은 무의미하다. 화면 설계에 아까운 시간을 쓰는 것보다 기능 및 사용자 편리성에 시간을 더 많이 할애해야 되지 않을까 생각한다. 외국 프로그램을 보면 대체로 화면이 화려하지 않다. 대신 기능 구현에 많은 시간을 소비한 것을 한눈에 볼 수 있다.)

개발자 모두가 그러하듯 개발 완료 후의 자긍심과 성취감은 대단하였다. 개발 내용을 보고 들은 후배들의 칭찬은 대단하다는 정도를 넘어 환갑이 넘은 나이에 독학으로 개발해냈다는 사실이 경이롭다고 표현하기도 하였다.

진리는 있고, 세상 살면서 진리를 추구하는 것은 모든 사람이 바라고 원하는 것이다.

세상에는 불변의 진리와 진실이 있다. 바로 자신이 경험한 것이다. 자신이 직접 경험하기 어렵다면 먼저 경험한 사람들의 이야기를 듣거나 읽고 기억해두는 것도 간접경험으로 전문성을 준비하는 데 많은 도움이 된다.

---

1) 스마트 기기 등으로 시간과 장소에 구애받지 않고 효율적으로 일할 수 있는 업무 방식
2) 사용자 인터페이스, 컴퓨터 등을 사용자가 편리하게 사용할 수 있는 환경을 제공

일감이 없는 것이야 내 능력 밖의 일이고, 대신 할 수 있는 일이 있다면 내가 겪어 온 사례들과 잘 알고 있는 경험들을 알려줌으로써 능력 있는 기술자·IT 전문가가 많이 배출되는 데 작은 힘이나마 보태고 싶다는 생각을 해왔다.

소프트웨어 개발에서 가장 중요한 것은 업무에 대한 세밀한 분석과 사용자의 특성 파악이라는 것도 경험을 통하여 알게 되었다.

02

전문가 되기

코스

컴퓨터의 발달 과정

1973년 우리 학교에는 전산학과가 없었고 EDPS(Electronic Data Processing System)[3]를 교양과목으로 한 학기 동안 배운 적 있다. 우리는 우스개로 음담패설의 약자로 불렀다.

첫 시간에 교수님이 컴퓨터라는 장치가 있다고 했는데, 나는 처음 들어보는 단어였고 관심이 없었다. 내가 EDPS를 알 필요도 없고, 졸업 후 입사하여 필요하게 된다면 EDPS를 잘하는 사람에게 부탁하거나 시키면 될 일이라 생각하여 무관심하였다. 동기생들은 어디서 들어본 적이 있는지 매우 열심히 공부하는 듯했고, 나는 옆에서 보기만 했을 뿐이다.

그래도 기억나는 것은 몇 마디 있다. 그땐 무슨 뜻인지 몰랐지만 'FORTRAN', 'COBOL'이라는 용어는 기억이 또렷하다. 교수님

---

3) 자료를 전자적으로 자동 처리하는 시스템

이 지금의 OMR 카드처럼 생긴 가로세로 줄이 쳐져 있는 빳빳한 종이(카드)를 보여주며 'Punch카드(천공카드)'라 했다. 이들은 COBOL, FORTRAN과 같은 언어로 프로그램을 짠 다음 천공카드에 구멍을 뚫어 기계에 읽히고, 프로그램이 완성되어 컴퓨터에 입력해 놓으면 장치가 일을 자동으로 처리해준다는 얘기인데 전혀 감이 잡히지 않았다(지금의 프로그래밍, 컴파일, 실행의 순서와 같다). 자동으로 해준다는 용어 자체가 생소하였고, 무슨 일을 어떻게 자동으로 해준다는 것인지 오리무중이었다.

또 하나 확실히 기억나는 것은 컴퓨터의 크기에 대한 강의였는데, 다른 용어는 기억에 없고 메모리라는 단어는 기억에 남아있다. 지금은 8KB인데 처리속도를 높이기 위해 메모리가 1MB, 대략 1,000배 정도로 커지면 컴퓨터의 크기가 서울역 앞에 있는 9층 건물 크기가 되어야 하기 때문에 당장은 개발 생산이 불가능하다고 했다.

이것이 내가 알고 있는 컴퓨터의 모두였고, 물론 졸업 때까지도 내내 관심이 없었다.

ROTC를 마치고 공군 소위로 임관한 후 강릉비행장에서 근무할 때였다.

강릉비행장은 GCA라는 접근레이더관제 시스템을 구축하였다. GCA는 이동 가능한 두 대의 트레일러로 구성되었으며 항공기 접근 관제를 유도하는 레이더 시스템이다. 우연히 본 제작연도는 1945년이었다. 2차 세계대전 때 사용하던 시스템을 35년이 지난 지금 우리나라가 쓰고 있는 것이다. 젊은 혈기의 시기에 우리나라의 현실에 대한 암담함과 미래에 대한 막막함이 가슴 한구석을 우울하게 하였다.

레이더 장비의 부품들은 지금은 눈을 씻고 찾아보아도 보기 힘든 진공관으로 구성되어 있었는데, 생전 처음 보는 부품이고 너무 예쁘게 생겨 장난감으로 가지고 놀기에 좋았다. 진공관이 망가져 기능을 못 하면 수리창이라는 부대로 부품을 신청하여 조달하였으나, 급할 때는 청계천에서 구입하여 사용하였고, 동일 부품이 없을 때는 스펙과 기능이 유사한 부품을 대체품으로 사용하기도 하였다.

정비반장은 앞으로 트랜지스터(TR) 시대가 오면 장비의 크기도 줄어들고 성능도 훨씬 좋아질 것이며, 정비도 수월해질 거라고 기대에 부풀어 있는 듯했다. 전자공학에 문외한인 나는 무슨 얘기인지 알아듣지도 못했고 그저 그렇구나 했다.

지금은 트랜지스터의 시대를 넘어 IC 시대에 살고 있으니 짧은 시간 동안의 기술 발전은 가히 놀라울 따름이다.

1980년 컴퓨터 회사에 입사하여 컴퓨터를 처음 보게 되었고, 1990년에 운이 좋게도 코어 메모리(Core Memory) 컴퓨터를 볼 수 있었다(김포공항 레이더관제시스템이었는데 지금도 코어 메모리 보드가 눈에 선하다). 국내에서 코어 메모리 컴퓨터를 직접 본 사람은 아마 몇 명 없을 것이다.

결국, 나는 40~50년대의 컴퓨터(진공관), 60년대의 컴퓨터(트랜지스터), 70년대 컴퓨터(IC, 집적회로), 80년대 컴퓨터(LSI, 고밀도 집적회로), 90년대 이후의 컴퓨터(VLSI, 초고밀도 집적회로), 그리고 현대의 모바일(Mobile)까지 모두 보고 접할 수 있었으니 영광이 아닐 수 없다.

우리나라 컴퓨터 도입의 시작은 1976년부터라 알려져 있지만 본격적으로 전산화가 활발해지기 시작한 시점은 아마 1980년대로 보인다. 대입 경쟁에서 법대, 의대, 상경대가 항상 톱이었는데, 1980년 중반부터 한동안 전산학과가 1~2위로 랭크된 시대도 있었다.

컴퓨터 회사 입사

운명이라는 건 과연 있는 것일까? 컴맹이 컴퓨터 회사에 입사를 하게 되었다.

공군 중위로 전역한 해인 1980년도는 경기 불황으로 취직이 매우 힘든 시기였다. 지금이야 인터넷, 스마트폰 등 통신매체가 발달하여 가히 세계적으로 구직 기회를 찾을 수 있지만 당시엔 오로지 신문의 광고란에 의지하고 있었는데, 신문의 하단에서 구인 광고를 눈을 씻고 찾아도 없을 만큼 구직이 어려운 시기였다. 어느 날 우연히 조그마한 구인 광고 하나를 발견하였다. 자세한 건 몰라도 컴퓨터 관련 회사인 것 같았다. 나는 컴맹이었고, 입사지원을 한다고 해도 서류부터 탈락될 것이니 지원을 해야 하나 말아야 하나 고민에 싸였다.

마침 통계학과 대학원에 다니던 친구는 컴퓨터에 대한 이해가 꽤 있었던 모양이었다.

"너 이 회사에 들어갈 수만 있다면 대박이다. 앞으로 컴퓨터가 대세인 시대가 곧 온다.”

  친구의 말에 용기를 냈다. 합격을 하든 말든 입사원서라도 한번 내보자는 심정으로 지원서를 냈는데 서류 전형에 합격하였다며 시험을 보러 오라는 연락을 받았다. 입사시험 경쟁률은 수백 대 일로 만만치 않았다. 시험은 다행히 영어·수학·적성검사였고, 우려했던 컴퓨터 기술과 관련된 시험은 없었기에 조금 마음이 편해져 있었다.

  면접에서도 웬 호기였는지 모르지만 면접관과 작은 입씨름이 있었는데 아마 떨어지더라도 후회를 남기지 않기 위한 방편이었을 것이다. 그런데 정말 운 좋게도 시험과 면접에 합격을 하였는데 마음은 편하지 않았다. 취직 고민이 사라진 것까지는 좋았지만 컴퓨터 지식도, 경험도 없는데 어떻게 따라가야 할지 앞날이 깜깜했다.

  3개월간 교육생(인턴사원)이 되었다. 교육생이 12명이었는데 소프트웨어 6명, 하드웨어 5명, 영업 1명이었던 것으로 기억한다. 당시에는 컴퓨터 학원이 없었고, 책도 간단한 개론 정도의 책 몇 권만 있을 뿐 전문서적은 모두 원서였기에 회사 자체에서 컴퓨터 교육을 실시한 후 부서 배치를 했다. 또한, 컴퓨터 전문회사도 국내 통틀어 몇 개밖에 없었고, 대학교 전산학과가 막 개설한 시기였다. 우리 동기들이 1기 아니면 2기로 알고 있다.

컴맹의 슬픔

예상대로 나의 고민과 슬픔의 시간이 시작되었다.

처음 며칠은 열심히 강의에 집중해 보았으나 도대체 무슨 소린지 알아들을 수 없었다. 강의가 끝나면 동료들은 강의에 대한 복습으로 토론도 하는데 나는 그 자리에 낄 수조차 없었다. 가끔 껴든다고 해도 그들이 도대체 무슨 얘기들을 하고 있는지 알아들을 수 없었으니 낙심과 좌절의 나날이었다. 중도 포기하자니 생활이 걱정되어 쉽게 퇴직할 엄두도 못 내고 전전긍긍할 뿐이었다.

틈틈이 행시나 외시 공부를 위해 타임(TIME)지나 읽고, 퇴근 시간이 되면 입사 후 알고 가깝게 지내던 선배들과 소주 한잔 나누는 게 낙이라면 낙이었다. 선배들은 술자리에서 나를 많이 예뻐해 주고 격려해줬다. 선배들이 동기생들보다 나를 더 예쁘게 봐준 건 기회가 있으면 술값을 곧잘 계산하는 놈이라서 그랬을 것이다.

입사 후 그럭저럭 3개월이 되었을 때 부서 배치를 한다는 소문이

들렸고 소프트웨어 직원은 5명이 개발부로, 나머지 1명은 시스템부로 발령이 날 거라 했다. 내겐 큰일이었다. 틈틈이 준비하고 있던 시험을 볼 때까지만이라도 여기에서 버텨야 했다. 공부한 것도 없고 아는 것도 없으니 개발부에 간다는 것은 폭탄을 안고 불구덩이로 스스로 들어가는 형국이었다. 나에겐 시스템부밖에 없었다. 시스템부는 성적 1위자가 간다는 얘기가 들려 좌불안석이 따로 없었다. 선배 몇 분과 술자리를 하게 되었고 사정 얘기도 해 보았다. 이것도 운에 속하는 건지 모르겠지만 나는 시스템부로 발령받았다.

시스템부에서 과장, 대리, 그리고 신입인 나 이렇게 3명이 300여 개 고객사의 시스템 지원을 맡게 되었다. 부서 배치 후 알게 되었는데, 개발부는 지금 말하면 애플리케이션(Application) 개발을 위해 프로그래머들이 모인 부서였고, 시스템부에서 하는 일은 시스템 엔지니어로서 고객사의 컴퓨터가 고장이 나거나 프로그램이 오작동할 때 제일 먼저 달려가서 컴퓨터 고장의 원인을 파악하는 업무를 맡고 있었다.

고객사 입장에서는 시스템이 다운된 상태이므로 초비상사태를 맞았으니, 시스템 엔지니어는 호출 즉시 출동하여 가급적 가장 빠른 시간에 시스템이 정상 가동되도록 조치해야 한다. 시스템 엔지니어가 현장 시스템을 진단하여 O/S 문제이면 스스로 해결하고, 하드웨어 문제이면 C/E(Computer Engineer)부서에 연락하고, 프로그램 문제이면 스스로 해결하든지 아니면 프로그램 개발자에게 연락하여 수정하게 하는 것이다. 또한 신규 시스템의 설치도 시스템 엔지니어의 임무 중 하나로, 그야말로 컴퓨터 전반에 대해 통달한 사람들이 해야 하는 막중한 업무였다.

지금 시스템은 하드웨어와 O/S가 안정되어 있기 때문에 시스템 엔지니어가 거의 필요 없지만, 당시에는 시스템이 전반적으로 안정되기 전이므로 시스템 엔지니어가 반드시 필요했고 고객사의 담당자들도 시스템 엔지니어를 상전 모시듯 했다. 시스템 엔지니어에게 잘못 보이면 손해 보는 건 자신들임을 잘 알기 때문이었으리라. 그래서 시스템 엔지니어의 고집도 사람에 따라서는 대단하였다.

그러나 난 하루하루가 고역이었다. 신입사원 대접으로 그런대로 시간을 보낼 수는 있었지만 매일 그럴 수는 없었다. 가끔 고객사의 호출이 왔을 때 간단한 일로 판단되면 내가 출동하기도 했는데, 선배가 점검 및 처리 절차를 메모해주면 그 메모대로 처리하는 것이 전부였다. 그렇게 처리하여 죽어있던 시스템이 복구되면 마치 내가 다 한 일인 양 우쭐하기도 했으나 고객들이 시스템관련 질문을 하면 우물쭈물 위기를 넘겨야 했다. 가끔은 고객사 직원이나 간부들로부터 욕을 먹기도 했는데 속으로 '그래, 너희들이나 컴퓨터 열심히 해라. 난 고시 준비를 하고 있거든. 고시에 합격만 하면 전부 안녕이다.' 하고 아픈 마음을 추스르곤 했다.

부서에 배치된 후 한두 달이 지났을까, 한번은 고객사로부터 긴급 전화를 받았는데 마침 선배 두 분은 외근 중이라 물어볼 사람이 아무도 없었다. 너무 긴급한 상황이라 안 갈 수는 없고, 몸으로 때우자는 배짱으로 고객사로 달려갔다. 그동안 메모로 알고 있던 기억들을 되살려 이것저것 만져보았지만 컴퓨터는 살아날 기미가 보이지 않앉다. 결국 담당자로부터 호된 야단을 들어야만 했다. 말이 야단이지 쌍욕이 섞인 욕설이었다. 그때도 속으로 '너나 열심히 해라. 나는 계획대로 고시에 합격하여 나의 길을 갈 것이다.'고 생각하며 참고 또 이를 악물었다. 내 계획이 달성되면 너한테 제일 먼저 달려와 분풀이를 하리라는 생각도 했다.

그때마다 포기와 생존, 그리고 희망과 미래에 대한 고민이 교차하기 시작했다.

나의 적성은 무엇이며, 내가 가장 잘해낼 수 있는 일과 분야 그리고 전문성은 무엇일까?

차라리 군에서 남으라 했을 때 말을 들었어야 했나 하는 생각에 수없이 고민해야 했다.

―에피소드: 교육사령부

나는 1977년 공군 ROTC 출신으로 공군소위에 임관하였다.

원래 주특기는 항공관제였는데 그해 학사장교 후보생 입대자가 많아 교관수가 부족한 바람에 임시 교관으로 차출되어 교육사령부 전술학교관실로 부임하였다.

공군의 전술학은 사격과 같은 화기학을 제외하면 개인 총검술 및 전투대형과 관련된 개인 및 집체 훈련을 교육하는 부서였다.

장교 교관들은 주로 장교후보생 교육을 담당하였는데 알고 보면 같은 해에 대학을 졸업한 사람들이라 교관인 나와는 학교만 다르지 대학 동기생들이었다. 실제로 내가 졸업한 항공대학 졸업자도 있었고 고등학교 동창들도 여러 명 있었다.

훈련 중 기합을 주는 경우도 왕왕 있었는데 얼굴을 알아보지 못하고 대학 동창생에게 기합을 준 웃지 못할 일도 있었다. 임관 후 1개월 정도 지나 교관실에 어느 정도 적응이 될 무렵 나에게 세미나를 준비하라는 지시가 떨어졌다.

처음 받은 지시여서 어떤 주제로 해야 할지, 어떤 식으로 하는 건지 전혀 알지 못해 막막하였다. 우선 주제 선택이 난감하였는데 이는 곧 해결되었다. 당시 육군과 해군은 M16 소총을 개인화기로 사용하고 있었지만 공군은 구식 칼빈을 사용하고 있어 분명 총검술이 다를 것이란 생각이 들었다. 우선 주제를 '칼빈과 M16 총검술의 비교' 로 정하였다.

그런데 M16 총검술은 어디서 배운다는 말인가?

'궁즉통' 이라 했던가? 나는 서울 출장 허가를 받고 무작정 당시 육군 30사단에 들어가 M16 총검술에 대하여 알고 싶어 왔다고 했고, 다행히 육군 장교 한 분이 친절하게 설명해주었다. 우선 사병 한 사람이 총검술 16개 동작 시범을 보여주었는데 칼빈 총검술을 교육해온 터라 금방 차이점을 숙지할 수 있었다. M16 총검술 교육용 괘도도 빌렸다. 귀대 후 체격이 괜찮고 자세도 절도 있는 4명을 차출하여 2명은 칼빈 총검술을 연마하게 하고, 2명은 M16 즉, 신총검술을 가르쳤다.

약 한 달 후 사령부 체육관에서 사령부 항공병학교장 및 장교들과 훈련 중인 장교후보생들이 운집한 가운데 세미나를 시작하였다. 주로 기존 총검술과 신총검술을 비교하는 방법으로 설명하였다.

세미나가 중반에 이르렀는데 갑자기 항공병학교장께서 단상에 있는 나를 호출하셨다. 갑작스런 일이라 뭔가 잘못 돌아가고 있다고 생각되었다. 뭐가 잘못된 건지 전혀 종잡을 수 없었다. 혼날 생각만 하고 교장님 앞으로 갔는데 교장께서는 세미나는 그만하면 됐고 내일부터 전 공군에 파급해야 하니 장교후보생부터 M16 총검술을 재교육하고 교안을 만들어 공군본부에 보고하라고 지시하셨다.

나의 군에서의 첫 세미나는 성공적이었고 칭찬도 많이 받았다. 그 덕분에(?) 당시 장교후보생(사관 73기)들은 주간 훈련이 끝나고 추가로 야간에 신총검술을 다시 배우는 수고를 해야 했다. 그리고 장교후보생들이 임관하여 전 공군에 배치되어 본격적으로 신총검술을 전파하였고, 얼마 지나지 않아 전 공군의 개인화기도 M16으로 교체되었으니 지금 생각하면 군 장교로 입대하여 군에 조금이나마 기여하지 않았나 하는 뿌듯함이 느껴진다.

얼마 후 교관실장님은 대통령 표창이 내려왔다고 하시면서 '너 짱 박아라' 하셨다. 짱이란 제대하지 말고 장기복무 신청을 하라는 얘기다.

나는 손사래를 쳤다. 그리고 포상을 정중히 사양하였다. 나에게는 빨리 제대하여 돈을 많이 벌어야 한다는 막중한 목표가 있었기 때문이었다. 결국 나의 양해 하에 대통령 표창은 다른 초급 장교에게 돌아갔다. 군 생활을 했다면 잘 해냈을지도 모를 일이었다.

운명의 기회

그런 와중에 현재에 이르게 되는 운명 같은 계기가 발생하였다.

며칠 후 출근을 하자마자 한 고객사로부터 긴급 전화를 받았는데 그때까지도 공부를 안 했으니 평소처럼 대리님께 여쭈어야 했다. 대리님은 나보다 4~5살 어렸지만 군에서 갓 제대를 하여 군기가 아직 살아있던 나는 나이 어린 대리님을 선배로 깍듯이 모셔야 했다.

대리는 고등학교를 졸업하고 KAIST 컴퓨터 교육과정 6개월을 마치고 현업에서 수년간 일해 온 베테랑이었다. 평소에 내게 잘 대해주었던 대리가 그날따라 웬일인지 내 머릿속을 긁어대기 시작하였다.

"요새 대학 나온 사람들은 영어도 안 배웠나? 책에 다 있는데 읽어봐야 될 것 아니야?"

"공군 장교 정도 나왔으면 알아서 공부도 하고, 일도 척척해야 되는 거 아냐?"

“동네 강아지도 몇 개월이면 다 알아듣겠다.”

등등 듣기 거북할 정도로 비아냥댔다. 그는 특유의 비웃음 같은 미소를 연방 실룩거리기도 했다.

주변 사람들이 빤히 쳐다보는 앞에서 노골적으로 무시를 당하는 게 당황스럽고, 부끄러워 몸이 덜덜 떨려오기 시작했다. 그냥 고객사로 가서 몸으로 때우고, 한 번 더 혼나고 와야지 하는 위기탈출의 생각밖에 안 들었다. 앞에서 얘기했지만 고객사에 가서 욕을 먹었어도 꿋꿋하게 견디어냈었는데 그날은 도저히 내 자존심상 참고 견딜 수 없었다. 순간 결단을 내렸다. 내 적성에 컴퓨터는 맞지 않는다. 오늘 사고 한 번 치고 퇴사하리라.

순간적으로 대리의 멱살을 잡으면서 소리쳤다.

“뭐야! 이 자식! 너 잘 걸렸다. 나 좀 따라와. 이 씨뱅아!”

군에서 썼던 용어가 거침없이 튀어나왔다.

대리의 멱살을 잡아끌고 사무실 구석 조그만 방으로 갔다. 사무실이 매우 넓어 60~70명이 함께 근무했었는데 아침이라 모두 사무실에 있었고 부서장이며 선배들이 모두 우리를 쳐다보고 있었다.

나는 눈에 보이는 게 없었다. 골방에 가서 대리에게 얘기했다.

“넌 컴퓨터를 너 혼자 공부했냐? 너도 처음엔 선배들한테 들어 알고, 어깨너머로 배웠을 거 아냐? 너는 영어 잘해? 나는 내 인생에 다른 목표가 있어 컴퓨터 책을 안 보고 있을 뿐이다. 알기나 하고 떠드는 거야?”

대리도 당황하였는지 벌게진 얼굴로 아무 소리도 못 하고 있었다. 속이 부글부글 끓었지만 차마 주먹질은 할 수 없었다. 대신 경고의 한마디를 날렸다.

"만일 내가 오늘부터 딱 한 달간 고민하여 내 인생의 목표가 컴퓨터로 바뀐다면 1년 안에 반드시 너를 따라잡을 테니 조심해라."

물론 밖에 나와서 차장, 부장님께 혼난 것은 당연하였다.

그날부터 꼭 한 달간 술로 살았다. 한 달 내내 술을 먹다 보니 나중엔 한두 잔만 먹어도 정신을 놓게 되었다. 위로나 격려 겸 술자리에 함께했던 친구나 선배들이 나를 들쳐 업고 회사 숙직실에 데려다준 적도 여러 번 있었다. 너무 치욕적인 사건이라 그 일을 계기로 인생 항로를 바꾸는 결심을 하여야 했다. 퇴사를 하든지 아니면 제대로 된 컴퓨터 전문가가 되든지 둘 중 하나였다.

결국 나는 후자를 선택하게 되었다.

명언 따라잡기

초등학교 때 본 에디슨 위인전이 생각났다.

> 천재란 99%가 땀이며, 나머지 1%가 영감이다.

　마음에 와 닿는 명언일 뿐 아니라 스스로 1% 이상의 영감을 가지고 있다고 생각했으니 50~60%의 땀만 쏟는다면 최소한 에디슨보다는 훌륭한 사람이 될 수 있다는 확신이 있었다. 어린아이 같은 생각이었지만, 때가 오면 사람은 죽는다. 어차피 죽을 거라면 최고로 열심히, 결심한 일은 성취해야 하지 않겠는가. 그러기 위해 나는 제2의 에디슨이 되리라 결심을 했다. 한국 제일의 컴퓨터 전문가가 되리라 다짐하였다.

　'운명이란 없다. 오로지 노력으로, 땀으로 내 운명은 내가 개척할 것이다.'

　이것이 나의 평생 좌우명이 되었고, 좌우명대로 살려고 노력하였다.

　나의 새로운 인생 설계는 이때부터 다시 시작되었다. 항상 컴퓨터 전문가가 되기 위해 필요한 공부와 경험을 하려 하였고, 모든 일들은 컴퓨터와 결부시켜 용의주도하게 준비하고 노력하였다.

책 읽기, 질문하기, 듣기, 메모하기

① 책 읽기

컴퓨터 전문가가 되기로 결심한 그때부터 컴퓨터 관련 책은 무조건 읽기 시작했다. 처음에는 아는 내용이든 모르는 내용이든 상관하지 않고 읽었다. 책 읽기는 시작부터 난관이었다. 서점에는 관련 책이 없으므로 회사에 있는 책들을 주로 읽었는데 대부분 원서였다. 원서라 번역도 쉽지 않지만, 컴퓨터 용어 자체의 뜻풀이가 안 되니 속된 말로 환장할 지경이었다. 그래도 무조건 읽었다. 머리에 쥐가 날 정도로, 포기하고 싶은 순간에도 무모하리만큼 그냥 읽었다.

회사에서는 책 읽기가 쉽지 않았다. 할 일도 많았거니와 몇 시간씩 진득하게 자리에 앉아 있기도 어려웠고, 더구나 머리에 잘 들어오지도 않았다. 몇 번의 경험으로 지하철을 이용하거나 출장을 위해 버스나 기차를 타는 동안의 시간을 적극적으로 활용하게 되었다. 중간에 화장실 가는 것 외엔 내내 책만 읽었다. 심지어 미국 출장을 갈 때도 기내에서 열 몇 시간씩 내내 컴퓨터 관련 책만 읽었다. 전문서적은 대부분 두껍고 무거워서 장 단위로 책을 뜯어내어 양복 속주머니에 넣고 다니며 틈틈이 읽었다. 의도적으로 컴퓨터 관련 외의 다른 책은 기피하였다.

② 질문하기

모르는 것들은 기억하거나 메모해 두었다가 기회만 되면 선배들에게 도움을 얻기 위해 퇴근 후 술 한잔하자고 분위기를 만들었다. 선배들은 대체로 내가 한잔하자고 하면 거부하는 경우가 거의 없었다. 술자리가 무의미하지 않다고 생각했기 때문으로 알고 있다. 다른 술자리는 주로 허튼소리가 많아 끝나고 나면 시간낭비라는 생각을 하게 되는데 나와의 술자리는 늘 진지하였다.

한잔 들어가면 분위기를 깨지 않는 범주에서 질문을 했고, 선배들도 술기운 덕분으로 자신이 알고 있는 기술, 경험을 자랑삼아 무용담도 곁들여 쏟아내 주었다. 질문은 공부한다는 표정으로 묻는 게 아니고 신기하다는 식으로, 궁금하다는 식으로 하였다. 선배들의 설명 중에 내가 모르는 단어가 나오면 "그건 또 뭐지요?" 하여 질문의 꼬리를 물었다. 주로 소줏집, 생맥줏집이어서 수업료 몇 푼 들이지 않고 공부를 마음껏 할 수 있었다.

③ 듣기

선배들의 설명은 말 그대로 생생한 체험의 현장이었다. 사람들은 성공한 사람의 발자취에 관심을 집중하며, 그들의 일대기나 명언을 따라가려는 노력을 많이 한다. 물론 성공한 사람들의 얘기나 자서전이 일상에 참고가 많이 될 것이다. 이와 반대로 의도적이든 아니든 실패자를 멀리하려는 경향도 있다. 하지만 나는 성공과 실패의 사례를 가리지 않고 들어야 한다고 생각한다.

성공한 사람들이 왜 성공하였는지 알기 위해 사례를 살펴보면 몇 개의 유형이 전부이고, 그들과 상담을 하면 대부분 운(運)이 좋았다며 한마디 하고는 입을 닫아버리는 경우가 많다. 하지만 실패한 사람들은 성공 사례보다 그 유형이 훨씬 많으며 그 사례에서 참고해야 할 내용도 훨씬 많다.

실패한 사람은 자존심 문제로 자신의 이야기를 잘 하려 하지 않는다. 하지만 그들이 말문을 열면 우리가 배우고 새겨야 할 명언들이 훨씬 많다는 사실을 알아야 한다.

④ 메모하기

선배들의 이야기에서 기억이 필요한 단어와 설명들이 나오면 휴지에라도 적어두었다가 집에 와서 재정리하였다. 복습 효과도 있어 이 방법은 좋은 아이디어였다. 이때부터 메모는 나의 생활습관이 되었다.

항상 펜을 가지고 다녔다. 메모지는 식당에 비치되어 있는 휴지를 활용하였다. 난해한 문제의 해법, 좋은 아이디어나 발명, 혹은 별 볼 일 없는 시상(詩想)들은 주로 출장 혹은 출퇴근 시간 차 안에서 많이 생기는데 그때마다 잊지 않기 위해 아무 데나 메모해 두었다.

내가 특별히 준비된 메모지를 가지고 다니지 않았던 데에는 특별한 이유가 있다. 대체로 메모지를 꺼내면 답변자의 말투가 순간적으로 조금 변하는 듯해서였다. 반면 아무 때나 휴지에 메모를 하면 답변자의 태도나 말투에 변화가 없었고 안심하는 듯했다. 또한, 휴지에 메모한 것은 반드시 노트에 다시 정리해 두어야 했기 때문에 복습 차원에서도 좋은 효과가 있었다.

관련 지식과 경험이 쌓이면서 업무 수행 속도도 빨라졌다. 업무를 하나씩 수행하는 것보다 동시에 두 가지 혹은 세 가지씩 수행하는 것이 업무의 지루함도 없앴고, 작업속도도 빨랐다.

일 년쯤 지나면서 나의 진가가 보이기 시작했다. 시스템 부분에서 만큼은 회사 내에서 해결사가 되어 있었다. 고객사에서도 나의 기술을 인정하여 나를 지정하여 부르기도 했다. 나는 시스템 엔지니어로서의 지정 역할 외에 시스템을 안정적으로, 경제적으로 잘 활용할 수 있는 방법과 아이디어를 가급적 친절하게 알려주었기에 고객들은 항상 고마워했다.

1년의 2/3는 출장이었다. 교통 사정으로 한 번 출장은 짧으면 3일, 길면 1주일씩 되기도 했다. 출장이 많으니 자연히 책 볼 시간도 많아져 나에게는 일석이조의 기회였다. 컴퓨터 전문가가 되겠다고 결심한 지 1년이 지났을 때, 회사 내에서 해결사로서의 내 자리가 공고해졌음을 느꼈다. 지금 생각해보면 독기 서린 1년은 내 인생에 엄청난 변화의 시기였다.

공부와 경험 쌓기

① 책 읽기

시스템 전반에 대한 내용은 이해하였지만 공부를 거기에서 그칠 수는 없었다. 회사 책꽂이에 있는 책들을 거의 다 보고 더 볼 게 없나 뒤지다가 아주 두꺼운 책을 하나 발견했다. 어느 미국회사의 기술 자료였는데 PERT/CPM(공정관리) 패키지 소개 책자였다. 시스템과 관련 없는 책이었지만 볼 게 마땅치 않아 심심풀이로 한 장 두 장 읽기 시작하였다.

당시 국내에서 공정관리는 대학교수가 대학원생들을 동원하여 모두 수작업으로 이루어지고 있었다. 공정이 변하였을 때마다 네트워크 차트(Network Chart)[4]를 손으로 수정한다는 것은 거의 불가능에 가

---

4) 네트워크 공정표, 화살선과 원을 사용하여 망상도로 표현하며 공사의 전체 및 부분 파악이 쉬움

깝다는 것을 이해하게 되었고, 그렇다면 현재까지의 공정관리는 형식적일 수밖에 없다는 생각이 들었다.

시스템도, O/S도 중요하지만 애플리케이션의 역할이 궁금하던 차 본격적으로 공부해 보기로 했다. 물론 회사에서 지시했거나 내 담당인 것도 아니었고, 아무 담당도 없는 그냥 묵혀둔 자료였다.

책 속에는 처음 보는 'Information DB'가 포함되어 있었다. 당시에는 파일 구조가 순차접근방법(SAM; Sequential Access Method)[5] 혹은 목록표접근방법(ISAM; Indexed Sequential Access Method)[6] 방식이었는데 새로운 자료구조라 특히 관심이 갔다.

데이터베이스(DB)는 처음 듣는 용어로 내용을 읽어보니 파일을 만들거나 요구하는 문장을 찾아내는 데 기존 기술보다 훨씬 진보된 기술로 개발에 많이 유용해 보였다. 정보 데이터베이스(Information DB) 속에 SQL이라는 새로운 용어의 언어는 지금까지 들어왔고 사용했던 언어보다 훨씬 배우기도 쉽고, 애플리케이션에 적용하기도 너무나 편리하여 곧 DB가 활성화되리라는 것을 예감할 수 있었다.

공정관리는 처음 접하는 학문이라서 용어 자체도 모르는 게 많았다. 주변에는 마땅히 물어볼 곳이 없어 답답하기도 했고 진도가 잘 나가지도 않았다. 책 속에서 공정관리는 주로 건설회사에서 사용되는 기술이라고 알게 되었고, 나의 고객사로부터 공정관리는 산업공학과에서 가르치는 학문이라는 것을 알게 되었다.

---

5) 파일에서 찾고자 하는 단어나 문장을 처음부터 순서적으로 찾아감
6) 파일을 목록화하여 찾고자 하는 단어나 문장을 직접 찾는 방식으로 SAM보다 접근이
   빠름

② 질문하기

나는 서울대학교의 산업공학과 교수가 어느 분인지 찾아, 무작정 전화를 했다. 방문 목적으로 공정관리 패키지를 소개해 드리고 싶다고 말씀드렸다. 교수님이 흔쾌히 시간을 내주시고 약속시간을 정해주셨기에 만날 수 있었다. 그러나 내 속셈은 다른 곳에 있었다. 간단히 자료소개를 마치고 책에서 본 의문사항들을 하나씩 질문했다. 교수님은 장시간을 할애하여 자세하게 설명해주셨다.

상담자를 만날 때 우리가 배워야 할 점과 알아야 할 점이 있다. 진실한 전문가를 만나서 질문을 해야 한다. 진실하지 못한 전문가는 자기 기술을 얘기해주지 않으려 한다. 오히려 업신여기거나 마음의 상처를 입히기도 한다. 진실한 전문가는 겸손하여 대화에 진실하며, 최선을 다하려 애쓴다. 그리고 남의 기술이나 아이디어를 도용하거나 훔치지 않는다.

내가 만난 서울대 교수님(이름이 기억나지 않아 죄스럽다), FEM 청강을 허락해주신 연세대 민옥기 교수님, 전자칠판 아이디어에 자문을 해주신 CONVEX의 부사장님 같은 분들은 정말 겸손하고 진실한 조언자로, 존경해 마지않는 분들이시다.

③ 메모하기

교수님께서 정성들여 해주신 말씀이 많았음에도 반드시 알고야 말리라는 열정 때문이었는지 모두 기억할 수 있었지만, 그래도 연구실을 나오자마자 건물 앞 계단에 주저앉아 질문에 대한 설명들을 빠짐없이 메모해두었다.

메모는 사무실이나 집에서, 읽고 있는 책이나 별도의 노트에 다시 정리해두었다.

④ 경험 쌓기

이론은 현실에 적용해보지 않고 묵혀두면 금방 사라지게 되고 무의미해진다는 것이 누구나의 경험일 것이다. 나도 고교 시절 완벽하다시피 공부했던 삼각함수나 수열 같은 이론은 현실에서 자주 사용하지 않아 어쩌다 실전에 부딪히면 지금도 가물가물하다. 이론과 기술내용을 어느 정도 파악하고 나자 실무와 실행이 궁금해졌다. 당시 내 담당 고객사 중에 '삼호주택'이 있었다. 패키지 소개를 하고 건설 프로젝트에 적용해 보자고 제안하였다. 물론 패키지 설치는 무료로 해주겠다고 했다. 삼호주택에서 담당자 한 사람을 붙여주어 패키지를 설치하고 보름 정도 테스트를 했다. 내 고유의 업무가 시스템 담당이므로 주간에는 S/E업무를 수행하고 주로 야간에 테스트를 하였다.

몇 번 테스트를 하고 나서 자신감이 생겼다. 이 패키지는 건설회사뿐 아니라 중공업, 조선 등 적용 범위가 매우 넓었다. 내 머릿속은 패키지 보급이 시급하다는 생각으로 도배되었다. 이제 남은 것은 빠른 시간 내에 국내에 보급하는 것이었다.

결과 1 먼저 회사와 상의 없이(물론 시작도 그러했지만) 건설, 중공업, 조선 등 굵직한 회사를 대상으로 익명의 담당자에게 편지(DM)를 썼다. 공정관리 패키지와 관련하여 설명회를 하고자 하는데 참석할 의

사가 있는지 물었다. 500여 통을 보냈는데 50여 명으로부터 참가의
사를 받았다. 그제야 나는 상무님께 제안하였다.

어느 토요일 오후 사무실을 비워주시고 빵 한 개와 콜라 한 잔씩
을 준비해주시기로 한 것이다. 토요일 직원들이 퇴근한 후 데모와
설명회를 준비하였다. 지금이야 대형 호텔의 콘퍼런스장을 빌려 사
업 설명회를 하겠지만 당시 나는 그런 게 있는지도 몰랐거니와 혼자
독학한 기술인데 그리 거창하게 내세울 자신도 없었다. 컴퓨터에 패
키지는 설치해 두었으니 단말기 몇 대만 더 설치하면 되었다. 오후
가 되자 손님들이 모여들기 시작했다.

프레젠테이션으로 우선 공정관리 패키지 기술을 간단히 설명했
고, 수작업의 문제와 자동화의 필요성을 설명했다. 경제성도 빼지
않고 설명하였고, 데모는 삼호주택 직원이 도와주었다.

설명회는 성공적이었다. 일주일 정도 지나자 대우조선에서 구입
하겠다는 연락이 왔다. 나는 제안서와 견적서를 만들어 대우조선에
다녀왔고, 컴퓨터 한 대와 패키지를 약 200만 불에 판매하는 성과를
거둘 수 있었다.

당시 회사의 판매 수익률은 거의 50% 정도였기에 지금 생각해보
면 일개 신입사원이 혼자 독학하여 이룬 성과로는 과히 대단한 일을
해낸 것이었다. 그렇다고 그것으로 나는 거만해지거나 거드름을 피
우지 않았다. '능력 있는 기술자는 거드름을 부리지 않는다. 기술은
내 것이 아니고, 누군가의 기술을 다른 사람보다 내가 조금 먼저 알
아냈을 뿐이다.' 가 내 기술 인생의 신조였기 때문이었다. 엔지니어
의 고집으로 많은 고객들이 눈치 보는 안타까운 현장을 많이 목격한

때문이기도 하였다.

한동안 최종 설치와 교육 때문에 골몰하여야 했다. 대우조선은 계약조건으로 담당자 2명에 대한 미국 현지교육을 요청하였다. 나의 최초 해외여행이자 미국여행이었다. 나도 초행이지만 대우조선 담당자 2명도 초행이라 조금은 두렵기도 했다. 다행히 납품업체의 책임자로서 무사히 출장을 다녀왔고, 대우조선에 시스템 설치 및 교육 그리고 부분적인 자문 역할도 무사히 마칠 수 있었다.

결과 2 대우조선 시스템 설치 후 한 달이 채 지나지 않았을 때 삼호주택에서 구입하겠다는 연락을 받았다. 단기간에 제 2호를 납품하는 쾌거였다. 사우디건설 현장(사우디 페르시아만 인근의 담맘 현장)에 설치하며, 담당자인 나를 1개월 이상 현지 상주 조건으로 계약하자고 하였다. 사우디 출발은 대략 두 달 후 정도로 잡혀졌다.

결과 3 그 무렵 남광토건으로부터 제안요청서(RFP)를 보낼 테니 할 수 있는지 답을 달라는 연락을 받았다. 제안요청서는 사우디아라비아 법원성 건설공사 입찰 건으로 공정 차트의 네트워크 다이어그램(Network Diagram) 제출이 필수사항이었다. 네트워크 다이어그램을 모눈종이에 수작업으로 그린다면 시간적으로 불가능하다고 했다. 사실 내가 알고 있는 바로도 불가능에 가까웠다. 일단 나는 해 보겠다고 약속을 하고 한 달 가까이 밤샘 작업을 하여 네트워크 다이어그램 한 박스를 보냈고 얼마 후 남광토건으로부터 낙찰되었다는 반가운 소식을 들었다. 건설공사 수주 금액은 1억 8천만 불이라고 했다. 역시 나를 한 달 현지에 파견하여 기술지원을 하는 조건으로 구매의사를 보였다.

　남광토건은 나로 인하여 횡재했는지도 모르겠다. 네트워크 다이어그램 없이는 입찰 참가조차 못 했을 테니 말이다. 며칠 후 남광토건에서 사례를 하겠다고 연락을 받았다. 농으로 얼마를 주겠냐고 물었더니 회사에서 250만 원 정도 생각하고 있다고 했다. 당시 나는 광명시에서 150만 원에 단칸방 전세를 살았는데 그 집이 시가 250만 원 할 때였다. 나는 일언지하에 거절을 하였다. 회사의 봉급을 받는 사람으로 해서는 안 되는 일이라 생각했고, 또 내가 그냥 도와준다고 했으니 더 이상 생각하지 말라고 했다.

　며칠 후 남광토건 직원 2명과 내 후계자(조수 한 명을 요청하여 받았다) 1명을 포함하여 4명이서 거나하게 술 한잔하는 것으로 수고의 대가를 받았다. 그리하여 사우디 출장을 가게 되었는데 한 달은 삼호주택의 담맘 현장에 있었고, 한 달은 리야드 남광토건 현장에 있었다. 2개월 간 사우디의 여러 곳을 둘러볼 좋은 기회가 되었고, 많은 것을 보고 경험을 쌓을 수 있었다.

　그 외에도 현대플랜드, 극동건설도 패키지를 도입하였고 한국중공업 같은 회사는 5년 가까이 생산 및 공정관리 컨설팅을 해주었는데 도입까지 가지 못했다. 기술 도입을 순차적으로 하도록 조언을 하였는데 기술의 필요성과 편리성을 알자 그림을 너무 크게 그려 결국 시간만 잡아먹은 꼴이 되고야 말았다. 그들은 업무분석 능력이 거의 없었고, 나의 조언을 받아들일 생각도 없었기 때문이었다.

–에피소드: 미국의 땅

서른 초반 나이에 미국 출장의 기회가 왔다. 내가 준비하여 영업한 공정관리 패키지 덕분이었다. 대우조선 담당자와 동행하였지만 교육 후 회사의 배려로 며칠 더 미국을 구경할 수 있는 시간을 가질 수 있었다. 그때만 해도 해외출장은 큰 출세와 비교할만한 시절이었으니 내 성공의 목표에 한 걸음, 아니 반 이상은 왔다 싶었다.

출장 직전에 나름대로의 목표를 세웠다. 이 좋은 기회를 의미 없이 소비한다는 것은 나와 국가를 위해서라도 손해라는 생각이 들었다. 왜 미국이 세계를 쥐락펴락할 수 있는 나라가 되었는지 알아야겠다는 나름의 원대한 목표였다.

미국 땅을 밟는 순간 어마어마한 땅덩어리에 놀랐다. 쾌적한 공기와 계획화된 도시와 산악 그리고 도로망에 또 놀랐다. 사람들을 주의 깊게 살펴보고는 그들의 매너와 질서의식과 원칙에 또 놀랐다. 보고 듣는 것마다 새로움이며 놀라움의 연속이었다.

백의민족, 단일민족과 같은 자긍심의 우리나라와 달리 주인도 없이 그 넓은 땅덩어리 속에서 전 세계의 무수한 이민족들이 모여 사는 나라가 어찌 이리 질서와 배려와 통일된 사고와 안정의 국가가 되었을까 신기하기만 했고, 이해되지도 않았다.

처음 만나는 사람마다 눈인사를 먼저 해와 놀라기도 했고, 타인을 배려해 주는 게 생활화되어 있었다. 상대를 존중하는 마음은 의도적인 것이 아니고 진심이었다.

여러 번의 출장을 통하여 법치에 대한 도전에 단호하다는 근본 원칙이 있음을 알게 되었다. 그리고 우리나라나 혹은 저개발 국가 국민들이 탈세, 절세에 골몰한 데 비하여 미국인들은 세금을 당연한 의무로 생각하여 거부감이 전혀 없다는 사실에 놀라웠다.

우리나라는 언제 그리될 것인가?

언제 이렇게도 넓은 땅덩어리의 자연환경을 잘 가꾸어 놓았단 말인가?

질서정연한 도로망과 산속에 우거진 고목들을 보는 순간 모두 베어 우리나라로 싣고 가고 싶었다. 쓰러져 방치된 수많은 고목들을 보았을 때 잘라 집에 가지고 가서 큼지막한 바둑판 하나 만들고 싶었다. 파도는 칠 때마다 어마어마한 양의 흙을 쓸어 어디론가 가지고 갔다. 미국의 파도가 우리나라로 쳐서 미국 땅의 일부가 언젠가는 우리나라에 붙었으면 하는 바람을 가지기도 했다. 미국이라는 나라는 우리나라와는 비교할 수 없는, 말로만 듣던 하늘로부터 선택받은 나라였다.

비교를 위하여 내가 보았던 우리나라의 상황을 설명할 필요가 있을 것 같다.

2년 전쯤 군 생활을 할 때 헬기를 타고 강릉에서 서울로 출장을 가게 되었는데 미군 헬기 조종사의 배려로 하늘에서 남쪽을 한 바퀴 돌아볼 기회가 있었다. 헬기도 처음 타보는 거지만 한반도를 하늘에서 내려다본다는 것은 나에게 새로운 기회였기에 처음의 시끄럽고 조금은 무섭다는 생각은 사라지고 하염없이 지구의 한 귀퉁이에 있는 작은 우리나라를 하염없이 내려다보고 있었다.

나무 하나 없는 헐벗은 시뻘건 산야, 꼬불꼬불한 비포장도로, 계단식 천수답, 구획화 되지 않은 논과 밭들, 개미만 하게 보이는 사람들이 논밭에서 꾸부려 일하고 있는 모습이 매우 정겹게 느껴졌었다. 하지만 언제 산하가 푸르게 될 건지에 대한 걱정이 더 컸던 게 사실이다.

미국은 모두가 새파란 땅이고, 일직선의 도로였고, 모든 것에서 규모가 커서 입이 잘 다물어지지 않았다. 나는 우물 안 개구리였음을 뼈저리게 느끼고 있었다.

학창시절, 선생님의 우리나라가 미국이나 일본을 따라가려면 최소 50년이 걸릴 거라 하는 말씀에 설마 했지만, 직접 보고 느끼는 순간 50년이 아니라 더 걸릴 수도 있겠다는 생각이 들었다.

처음 접한 견문은 나를 변하게 했다. 우선 나부터 질서를 지키고 예의를 지키자고 다짐했다. 그리고 전문가로 성공하여 미국에 태극기를 꽂겠다 다짐했다. 출장에서 돌아온 나는 조금씩 변하기 시작했다.

하드웨어, 소프트웨어 통달하기

① 관심

공정관리 패키지의 노하우에 대한 정리가 된 후 다른 욕심이 발동하였다. 결심대로 제대로 인정받는 컴퓨터 전문가가 되려면 더 많은 공부와 체험이 필요하였다. 머리에 정리된 시스템의 핵심인 O/S에 대한 지식과 컴퓨터의 필요성, 탄생의 목적과 유용한 활용 방법, 현장을 수없이 다니면서 얻은 실제 경험을 정리해 보면 그래도 부족한 점이 많았다.

특히 하드웨어에 대한 관심을 가져야 한다는 생각이 들었다. 하드웨어를 알아야 컴퓨터의 원리를 제대로 알 수 있을 것 같았다. 우선 컴퓨터는 자료 저장의 용량도 문제가 되지만 무엇보다도 처리속도가 관건이라는 생각이 들었다. 소프트웨어만으로는 한계가 있고, 하드웨어로 해결해야 할 것들이 많다는 결론도 관심 이유였다.

하드웨어는 크게 단말기와 호스트로 구분했는데, 양쪽의 처리속도나 방식에 따라 사용자 대기시간도 줄어들고, 같은 시간에 더 많은 일을 해낼 수 있음을 알고 있었다.

당시 회사 내에 조그마한 하드웨어 개발실이 있었는데 거기에 단말기 펌웨어를 개발하는 과장님 한 분이 계셨다. 나는 틈만 나면 그 방을 기웃거렸다. 방문 핑계는 시간 여유도 좀 있고, 뭔가 도와드릴 게 없느냐는 것이었다. 처음에는 커피도 타 드리고, EPROM erase 같은 잔심부름도 하고, 궁금한 게 있으면 물어보기도 하고, 곁눈질로 개발을 훔쳐보기도 했다. 무엇보다도 말로만 듣던 펌웨어가 무슨 역할을 하는지 알아야 했다. 시간이 지나면서 하드웨어의 기초에 대한 호기심이 싹트기 시작했다.

회사에서 주어진 S/E 담당은 이미 달통했으니 시간적 여유가 많아 개발실에서 보내는 시간이 많아졌다. 어셈블러로 펌웨어를 개발하여, 컴파일하고, EPROM에 버닝(burning)하여 터미널 메인보드에 꽂아 테스트하는 순서, EPROM을 지워서 다시 사용하는 방법들을 자연스레 어깨너머로 터득하게 되었다. 그러나 아직 어셈블러 개발은 하지 못했다. FORTRAN, COBOL과 같은 언어는 알고 있었지만 직접 애플리케이션 개발을 할 기회가 없었기 때문에 개발은 사실 잘 모르는 상태였다. 더구나 나는 전자공학이나 하드웨어 기초에 문외한이라 전자회로의 의미를 이해할 필요가 있는 어셈블러 프로그램을 개발한다는 것은 불가능한 것이었다.

당시 일반 모조(Dummy) 단말기 외에 '온텔'이라는 단말기가 있었는데 과장님은 온텔 단말기의 펌웨어를 철도청 매표 전용단말기로 개발하고 있었다. 그때 마침 회사가 NOVELL 마이크로컴퓨터와 국내 총판 계약을 하면서 내가 NOVELL S/E를 담당하게 되었다.

NOVELL은 직원을 파견하여 기술지원을 해주고 있었다. 그 직원이 주로 하는 일은 NOVELL 컴퓨터의 펌웨어를 수정하여 한국형 단말기로 개조하는 작업이었다. 다행히 펌웨어는 BASIC이란 언어로 개발하였기에 나도 개발에 부분적으로 참여하게 되었다. BASIC은 어셈블러보다 상위 레벨 언어로 빠르게 이해되었다.

나는 본격적으로 개발에 참여하면서 다분히 문제점이 많다는 것을 발견하게 되었다. BASIC 프로그램은 컴파일하면 머신코드의 사이즈가 어셈블러보다 훨씬 크다는 점이며, 고정되어 있는 EPROM의 용량을 초과하기가 다반사여서 로직을 가장 간단하게 설계해야 하는데 프로그래밍을 해 본 기술자들은 이해하겠지만 어셈블러 아닌 다른 언어로 실행코드를 줄인다는 것은 거의 불가능에 가깝다. 또한, 쓸데없는 고민과 잡일이 많이 생겼다.

어셈블러로 개발하지 않으면 문제를 해결할 수 없다는 결론을 얻고 어셈블러를 공부하기로 마음먹었다. 당시 단말기나 데이터 수집(Acquisition)용 컨트롤러의 CPU는 주로 Zilog였고, Semi-Conductor 혹은 Motorola가 주류를 이루고 있었다.

② 책 읽기

나는 NOVELL 마이크로컴퓨터의 CPU가 Zilog(Z-80)여서 Zilog 공부를 시작하였다. 더불어 마이크로프로세서 관련 책도 구입하여 열심히 읽었다. 모르는 것들은 역시 관련 직종에서 일하는 선배를 술집으로 불러내어 묻곤 하였다. 미국 출장길에 브링검영 대학 도서

관에 들러 마이크로프로세서 책을 샀다. 귀국길 기내에서도, 귀국 후 지하철 안에서도 3번 정도 정독을 하였다.

그 책은 내게 무한한 힘이 된 책이다.

–경험 쌓기 1

어셈블러 공부는 재미있었다. 내 스타일에 딱 맞는 언어였다. 무엇보다도 컴퓨터의 진정한 친구이자 주인이 되었다는 것이 재미있었다. 컴퓨터는 내가 하라는 대로 했다. 주인이 된 나는 컴퓨터가 현재 무슨 일을 하고 있는지, 또는 무슨 일은 할 수 없는지 정확히 꿰뚫을 수 있었다. 즐거움은 이런 것이었다.

개발이든 아니든, 무슨 일을 하든 자신 있었고, 개발을 하면 완벽하였다. 개발에 재미를 붙이면서 개발 속도도 매우 빨라졌고, 간단하고 완벽한 로직 구현도 가능하였다. 펌웨어 개발을 하면서 이젠 컴퓨터 기술을 쥐락펴락 하는 것이 가능하다는 큰 희망도 얻었다.

–경험 쌓기 2

인텔리전트 터미널 펌웨어 개발을 성공적으로 마무리하면서 스스로 하나의 과제를 구상했다. 컴퓨터의 정보이동은 통신이었는데 통신선로의 품질이 수시로 문제를 일으켰다. 당시에는 통신장비와 선로의 질이 좋지 않아 소프트웨어적으로 19,200bps로 전송할 수 있다 하여도, 실제로 안정적인 데이터의 전송은 1,200bps 혹은 기껏해야 2,400bps(1/8 수준)가 고작이었다.

펌웨어 개발자로서 또 하나의 고민은 단말기와 호스트 간의 통신

상태(원하는 데이터가 상호간 정상적으로 송수신되고 있는지 모니터링)를 알 수 없다는 것이다. 개발자 입장에서는 어느 구멍에서 문제가 발생했는지 알 수 없으니 답답한 노릇이었다. 어떨 때는 개발자들 사이에서 서로 상대의 문제라고 다툼까지 벌어지곤 했다. 고작 할 수 있는 편법이란 받은 데이터를 디스플레이(Display)해 보는 게 고작이었다.

생각 끝에 컨트롤보드를 개발할 수 있는 지인에게 부탁하여 지금의 얇은 담뱃값 크기의 데이터 송수신 모니터링 컨트롤러를 개발하였다. 단, 비용과 기술적인 문제로 시리얼 커뮤니케이션(Serial Communication)에 한정하였다. 하드웨어적으로 데이터 송수신을 통신선로 상에서 직접 모니터링할 수 있으니 얼마나 많은 도움이 되었는지 행복할 정도였다. 데이터 송수신에 문제가 있다고 요청이 왔을 때 통신 선로 상에 컨트롤러만 연결하면 누구(호스트 혹은 단말기)의 문제인지 바로 보여줄 수 있었기에 개발자 간의 다툼도 없어지게 되었다. 그 컨트롤러는 내가 사업하면서 값비싼 데이터 애널라이저를 사서 쓸 때까지 매우 유용하게 사용하였다.

또 하나는 나는 소프트웨어 개발자이면서도 주머니에 항상 드라이버, 볼펜형 램프, 니퍼 등 하드웨어 엔지니어 못지않게 툴 셋을 항상 지니고 다녔다. 필요하면 장비를 뜯어보고 문제점을 찾아내기 위해서였다. 툴 셋은 종로에서 마취 소매치기를 당할 때 없어졌는데 돈을 잃은 것보다 더 안타까웠다.

결과 1 펌웨어 개발에 어느 정도 익숙해지고 재미도 느끼면서 인텔리전트 터미널(intelligent terminal)[7] 개발을 계획하였다.

당시 터미널들은 더미(Dummy)가 대세여서 단말기가 메인 컴퓨터에 많이 붙을수록 부하가 많이 걸려 시스템 전체의 처리속도가 현저히 떨어지는 현상이 많았다. 때문에 단말기에서 웬만한 일을 처리하면 이를 극복할 수 있겠다는 생각을 했고, 해외에 인텔리전트 터미널이 있다는 소식도 들었다. 대상은 NOVELL 마이크로컴퓨터를 인텔리전트 터미널로 개조하는 것이었다. 인텔리전트 터미널은 후에 펌웨어 대신 DOS라는 O/S를 탑재하여 PC를 탄생시키는 뿌리라 할 수 있다.

개발 6개월 정도 지나 한국형 인텔리전트 터미널 개발을 완료하였고, 시판도 시작하였다. 처리속도가 빨라지는 등 사용자들이 편리하게 된 것도 사실이다. 더 큰 소득은 펌웨어를 개발하면서 한글 한 줄 모아쓰기(당시 단말기는 한글 두 줄 모아쓰기로, 한 커서 크기에 한글 한 자를 표현하는 기본 기술이 없었다) 로직도 설계하여 개발하였고, 한글 폰트도 만들어 보았다는 것이었다. 화면에 표시되는 글자 수도 배로 늘어났으니 고객 만족도가 높은 성공작을 개발한 것이다.

NOVELL 마이크로컴퓨터는 나중에 NOVELL LAN을 세계 최초 개발하여 발표한 회사가 되었는데 당시 나는 출장 중이었다. 5명의 엔지니어들이 무언가를 개발하고 있기에 물어봤는데 네트워크 컨트롤러를 개발한다고 하였다. 당시엔 네트워크란 말을 알아듣지 못하고 뭘 하는 건지도 몰랐다. Sync, Async 통신이면 다 되는데 뭘 개

---

7) 독자적인 정보처리 능력을 가진 단말기, 입력 데이터의 점검·출력·데이터 편집 등이
   가능

발한다는 건지 의아해 하면서 관심을 갖지 않았는데, 그게 네트워크의 시작이고 세계 네트워크 통신을 주름잡게 한 LAN의 시작일 줄이야……. 우물 안 개구리였음을 두고두고 후회한 적도 있다.

결과 2 1984년 1월경으로 생각된다. 회사는 철도청이 발주한 새마을호 기차표 예약 및 발권 시스템을 수주하였다. 1년 전쯤에 비슷한 시스템을 개발하여 발주하였는데 확대 개발을 수주하였던 것이다. 당시 철도청에 납품된 단말기는 '온텔' 이었는데(물론 한글은 두 줄 모아쓰기였다) 이 단말기를 개발하였던 과장님이 퇴사하여 새로 개발을 맡아야 할 담당자를 찾아야 했다.

회사에서는 임원회의 끝에 나에게 개발 임무를 맡겼다. 어찌 보면 참 황당하달 수밖에 없었다. 전공이 전자공학도 아닌 내게 이걸 개발하라니 무슨 생각으로 결정한 것인지 이해가 되지 않았다. 그러나 지시니 어찌하랴 싶어 참여하기로 결심하고 개발팀에 합류하였다. 개발팀은 2분야로 나누었는데 호스트 쪽 개발 8명, 단말기 쪽 1명으로, 나는 혼자 단말기 개발 업무를 수행해야 했다. 처음에는 겁도 났으나 해내리라는 욕심이 더 강했다. 하려면 제대로 해야 한다 싶어 과감히 온텔을 들어내고 NOVELL로 대체해야겠다고 생각했다. 이 참에 한글을 한 줄 모아쓰기로 개발 납품한다면 철도청에서 좋아할 것이라 판단했다. 화면에 표시되는 자수가 최소한 배 이상 표현이 가능하다는 것은 당시로는 엄청난 장점이었다. 이미 나는 한글 한 줄 모아쓰기를 구현해 놓았기 때문에 그 부분 때문에 시간 걸릴 일은 없었다.

먼저 업무 파악을 해야 하는데 시간이 촉박하였다. 가장 쉬운 방법은 온텔 단말기의 펌웨어를 분석하여 그대로 베끼는 것이었다. 그러나 아무리 노력을 해도 온텔 펌웨어 분석은 어려웠고, 그래서 시간만 흘러갔다. 사실 남의 프로그램을 보고 이해한다는 것은 새로 짜는 것보다 어렵다. 심지어 철도청 T/F 7명 중 어떤 이는 내 등 뒤에서 대놓고 욕설을 하였다. 호스트 쪽 개발은 문제가 없는데 단말기 쪽은 죽었다 깨도 기간 내 개발이 불가능하다는 둥, 전자공학 전공도 아닌 당신이 어떻게 개발하느냐, 빨리 포기하고 다른 사람으로 교체해라는 둥, 단말기를 메치고 싶을 정도의 막소리를 해댔다.

결과는 나의 승리였다. 개발기간 내 나의 임무는 대성공이었다. 그제서야 그들은 고개를 숙이기 시작했고 오히려 호스트 쪽이 문제라며 욕설의 대상을 바꾸기도 했다.

완벽한 개발의 성공은 어디에 있었을까?

첫째는 하드웨어, 소프트웨어를 모두 잘 알아야 한다는 것이고, 둘째로 더 중요한 것은 완벽할 정도의 업무에 대한 분석과 사용자 집단에 대한 특성분석에 있었다.

–업무 분석의 사례

개발의 시작 단계에서 발주처 직원들은 욕을 하고 성과는 없으니, 답답해지고 근심만 늘었다. 마음의 결정이 NOVELL과 온텔에서 왔다 갔다 했다. 그러나 결국 앞의 온텔을 무시하고 전면 새로 개발하는 쪽으로 방향을 정하였다. 최대 10초 이내에 발권이 되려면 프린팅(Dot Matrix)에서 6초를 잡아먹으니, 최소한 1초 이내에 응답을 받아야 하고, 그러려면 단말기에서 웬만한 건 자체적으로 처리해 소화를 하고 호스트에 보내는 요청과 응답 데이터를 최소화하기로 하였다.

당시엔 통신상태가 불량하여 많은 데이터를 보내면 선로 상에서 깨지는 수가 많아 송수신 데이터를 최소화하는 것이 최선책이었다. 이는 시스템 엔지니어를 한 덕분에 잘 알고 있었다.

마음의 결정이 내려지자 분석·설계에 자신감도 생겼다. 업무 분석이 중요하였다. 전산실 담당자의 요구사항이나 얘기는 뒷전으로 들었다. 대신 주로 매표 담당자나 여객전무를 접촉하였다. 그들이 직접적인 시스템 수혜자이기 때문이었다. 최종 승객의 입장에서도 생각해보았다. 어떻게 하면 승객들을 철도로 돌아오게 할 것이며, 좀 더 편리한 승차 효과를 얻게 할 것이며, 신뢰를 줄 수 있을 것인가 고민을 많이 했다.

매표직원, 여객전무, 차장들과 자주 만나 '너구리', '삐찌' 라는 그들만의 용어도 알게 되었고, 그들의 고충과 문제점도 파악하였다. 기차를 자주 타려고 노력하였다. 이번 프로젝트는 사용자(매표원)의 불편을 해소하는 것도 문제였지만 승객의 입장도 고려하여야 했기 때문이다. 고충이 발견되면 해결책을 찾는 데 시간을 많이 할애하였다.

주요 문제점은 이러했다. 당시엔 기차 손님보다 고속버스 손님이 훨씬 많았다. 이유 중 하나는 기차표를 사는 데 늘 줄서서 기다리는 것이 불편하였고, 유난히 입석이 많았다. 그런데 입석으로 승차해보면 빈자리가 많았으니 손님은 손님대로 기분 나쁘고, 매표원도 미안하기는 마찬가지였다. 여객차장, 전무에게 별도의 요금을 내고 자리를 사야 했기에 차장, 전무가 되어 1년 내 집 한두 채 못 사면 바보라는 소문도 있을 정도였다.

기차는 매표 문제상 승객의 연계수송이 어렵다는 문제점을 안고 있었다. 즉, 서울에서 대전으로 가는 승객이 많거나, 영등포에서 대구, 부산으로 가는 승객이 많을 때 천안에서 타려는 승객은 빈 좌석이 없어 입석표를 살 수밖에 없는 현실이었다. 막상 천안에서 승차한 승객이 객차에 오르면 빈 좌석이 천지인데 이는 수작업으로는 해결하기 어려운 문제였다. 꼭 필요하다면 매표원이 일일이 각 역에 전화하여 어디서 어디까지 빈 좌석이 있는지 물어서 해결해야 하는 수고가 동반되어야 했다. 그러나 버스는 터미널에만 가면 항상 자리가 있고, 기다리는 시간도 많지 않으니 편리할 수밖에 없었고 자연히 손님이 고속버스로 몰릴 수밖에 없었다. 명절에는 고위층(주로 지역 국회의원)의 횡포로 열차 한 량을 준비하라면 해야 했다. 대체로 8량으로 구성되어 달리는 열차에서 한 량이 빠지면 일반 손님은 그만큼 자리 얻기가 어려워졌다.

또한, 매표원은 표를 팔 때마다 A1 크기의 종이에 출발지, 도착지, 금액 등을 기록해 두었는데, 8시간 근무 후 교대할 때 정산하기 위함이었다. 정산 시 기록과 금액이 맞지 않아 밤샘을 하는 날들이 많다는 얘기도 들었다. 이런 고충들을 모두 단말기에서 해결할 수 있도록 설계하여야 했다. 그리고 송수신 데이터양을 줄이기 위한 방안도 찾아내야 했다.

애플리케이션 개발의 성공은 사용자의 필요성과 그들의 업무 수행상 고충을 잘 알아야 이룰 수 있다. 이는 언제까지나 절대적인 진리이다. 지금도 개발자들은 제안요청서를 기준으로, 혹은 전산실 담당자로부터의 사용자 요구사항을 대상으로 분석·설계하는데 이는 개발 실패의 지름길이라고 판단된다.

설계가 어느 정도 되었을 때 호스트와의 데이터 송수신에 대한 규약이 필요하였다. 호스트 쪽 통신 모듈 담당자에게 단말기에서 이러이러하게 보낼 테니 호스트에서 몇 자리 받고, 잘못 받으면 재송신 요청을 하고, 이진코드(Binary Code)는 이렇게 디코드(decode)하라고 의견을 냈는데 아무 검토하는 기색도 없이 우선 그럴 수 없노라 반대하였다. 그렇게 개발하면 실패한다는 주장까지 나왔다. 그러나 물러설 내가 아니었다. 시스템 성능을 잘 알고 있고, 준비한 업무분석 과정 등을 비추어보면 기술적으로 나를 이길 수 없었다. 결국 내 계획대로 하기로 합의하였다.

설계가 끝나고 모든 업무가 머리에 그려지자 개발은 속도가 붙기 시작하였다. 밤이 오는지 날이 새는지 몰랐다. 내게 기록이 하나 있다. 물과 담배와 커피만 마시면서 10일 밤을 새운 것이다. 거짓 없이 잠깐씩 10분, 20분 눈 붙인 것 외에는 자리 깔고 누워본 적이 없다. 만일 고문실에서 고문을 받을 때 다른 고문은 몰라도 잠 안 재우는 고문은 전혀 문제가 없다고 자신할 정도가 되었다.

개발 코딩하여 컴파일하고, EPROM에 버닝(Burning)하여 컨트롤보드에 꽂아서 순서대로 제 기능을 다 하는지 테스트하고, 안 되거나 수정해야 될 부분이 있으면 EPROM을 빼서 저장된 코드를 지우는 (Erase한 후 재사용) 일련의 작업들을 모두 혼자 해야 했다. 개발이 끝나도 테스트 및 디버깅이 번거롭기 그지없었다. 하지만 다행히 아픈 데도 없었고, 피곤하지도 않았던 것 같다. 오로지 성공에만 매달렸다.

당시 단말기 펌웨어에 들어가야 될 프로그램 실행 코드는 총 20KB 내에서 개발되어야 했다. 한 자라도 넘게 되면 단말기 하드웨어 자체를 새로 개발해야 된다. 그러므로 20,000자 코드 내에서 모든 기능을 다 갖추면서 정상 작동되도록 로직이 간단해야 하고, 군더더기 없는 거의 완벽한 프로그램이어야 했다.

전체 프로젝트 기간은 7개월이었다. 개통은 9월 며칠로 기억하는데, 철도청에서 언론에 발표한 상태라 개발은 반드시 일정 내에 끝내야만 했다. 개통 한 달을 앞두고 단말기 개발은 거의 마무리되었다. 더구나 재미있는 것은 향후 수정을 대비하여 아무도 모르게 200Bytes 정도를 남겨두면서 개발을 마무리할 수 있었다는 것이다.

예상했던 대로 개발 초기에 내 뒤에서 욕을 해댔던 직원이 와서 이런저런 기능을 추가해 달라고 부탁해 왔는데 용량이 부족하여 들어줄 수 없다고 냉정하게 거부하였다. 결국 그가 모르게 해결해 주기는 했지만 말이다. 철도청 T/F팀원들도 그때부터 나의 능력을 인정했고, 자주 나를 찾기 시작했다. 오히려 호스트가 문제라면서 친구가 되고 싶어 했다. 그 무렵 회사에 요청하여 조수 한 명을 지원받았다. 그 친구는 지금도 내가 개발한 프로그램 로직으로 철도청에 단말기를 납품하는 회사를 창업하여 단말기 납품 및 유지보수를 하면서 잘 운영하고 있다.

개통 한 달 전쯤 단말기 설치를 위하여 부산역으로 갔다. 안정화

기간으로 교육 및 연습 사용 훈련 기간이었다. 단말기를 설치하고 사용법 설명을 하려는데 매표직원 한 분이 거세게 항의하였다. 단말기 설치를 하지 말라는 것이었다.

"당신들이 지금 무슨 짓을 하고 있는지 아느냐? 단말기를 설치하면 모든 게 자동화되어 나뿐 아니라 우리 동료들도 대부분은 퇴사해야 한다. 우리 직원들은 낮에 매표를 하고 휴일에는 농사를 짓거나 다른 일을 해야 겨우 먹고 산다."

그는 설치 자체를 강하게 거부하였다. 아마 영업사원이 철도청에 영업할 때 경비절감 부분에서 매표인원 감축과 같은 좀 과장된 얘기를 했는데 이를 소문으로 들은 모양이었다. 그러면서 내기를 신청하였다. 나는 단말기로 표를 팔고 자기는 기존 방식대로 표를 팔 테니 누가 더 빨리 표를 파는가 하는 내기였다. 그들은 표를 파는 데 선수였다. 돈을 받고 기록하고 표를 내주는 데 5초가 채 걸리지 않았다. 반면 나는 7초가 걸렸다.

나는 아무 말도 할 수 없었다. 표 파는 속도도 중요하지만, 기타 편리한 기능이 훨씬 더 많다는 걸 애기해줄 분위기도 아니었고, 설사 애기해도 들어줄 것 같지도 않아서였다.

"상부의 지시니 단말기를 두고 갑니다. 편리한 대로 표를 파십시오."

한마디 남기고 돌아왔다.

프로그램 코드가 수정되어 한 자라도 바뀌게 되면 전국 역사에 설치된 모든 단말기 펌웨어를 교체해야 하기 때문에 그것만으로도 바쁜 나날이었다. 지금같이 클라이언트 서버(Client-Server) 환경이라면 다운로드하여 출장 갈 필요도 없겠지만, 그때는 터미널 호스트 (Terminal-Host) 환경이라 전국에 설치되어 있는 모든 터미널에 가서 일일이 펌웨어를 교체해야 하는 번거로움이 있었다. 뿐만 아니라 개발실에서 완벽하게 테스트하지 않으면 그나마 교체할 수도 없었다.

개통 열흘 정도 남겨두었을 때였던 것 같다. 철도청 직원의 추가 개발 요청 건과 최종 버전(Version)의 수정이 완료되었을 때 마지막으로 전국을 다시 돌게 되었는데, 일정 중의 하나로 부산역에 도착하였다.

예전에 내게 항의와 내기를 요청했던 분의 창구로 가서 아무 말 없이 단말기 전기 코드를 뽑으려 했다. 나의 갑작스런 행동에 놀란 그분은 내 손을 잡아끌며 왜 그러느냐고 물었다. 단말기를 철수하려 한다고 대답하니 왜 철수하려느냐고 재차 물었다.

나는 시치미를 떼고 대답했다.

"전에 당신이 설치하지 말라 하지 않았습니까? 아쉽지만 필요 없는 분의 단말기는 회수하려 합니다."

그러자 그분은 커피 한 잔을 건네주며 말했다.

"그땐 잘 몰라 그랬으니 그냥 두면 안 되나요?"

진정으로 단말기를 빼지 말라고 애걸하였다. 써 보니 너무 좋다는 것이다. 예전보다 3배 이상의 매표 실적을 올리고 있다고 했다. 그 단말기는 하루 2,400매의 표를 팔고 있었고 하루 4,000매까지 판매한 단말기도 있다고 했다. 버스 승객들이 기차로 모여들고 있다는 증거였다. 승객의 입장에서 예전의 불편하고 기분 상한 일들이 순탄하게 모두 해결되었기 때문이 아니겠는가?

고위층이나 친구들로부터 표를 달라는 부탁도 없어지고, 무엇보다도 퇴근이 빨라졌다고 했다. 잘 다루지도 못하는 주판알과 씨름을 하거나, 계산기를 두드릴 필요도 없어졌고 단말기에 정산금액이 나오면 돈만 세어 맞추면 되니 요새는 살맛이 난다고 했다. 옛날에는 8시간 근무가 끝나면 단돈 몇백 원 때문에 퇴근도 못 하고 밤새는 경우도 비일비재했다며 진심으로 고마워했다.

나는 개발에 성공을 한 것이다. 책 한 권 분량의 상세한 로직 흐름도(Flow Chart)를 작성하여 후배에게 남겨준 것으로 임무를 종료하였다.

철도청 개발과 설치가 완료되고 철수한 후 지금까지 단 한 번도 단말기 기능 때문에 철도청을 방문한 적이 없다. 더구나 단말기가 PC로 혹은 스마트폰으로 바뀌어도 원래 내가 개발한 로직은 그대로 사용하고 있다. 30년이 지난 지금까지도 말이다. 단말기 로직은 쉽게 바꿀 수 없다. 바뀌면 철도청 시스템 전체가 바뀌어야 하는 대수술이 필요하기 때문이다.

경험 쌓기에 필요한 겁 없는 도전

무엇을 두려워하는가?

젊은 시절 나는 의외로 겁이 없었다. 생면부지의 교수님을 찾아갔던 일도 그렇고, 외국 출장에서 모르는 것이 있으면 아무에게나 물어보았다. 궁금하면 찾아갔다. 그래서 재미있고, 가슴 뭉클한 에피소드가 많은 편이다.

-에피소드 1: LA의 거리

출장에서 돌아오는 길에 LA에 이틀 정도 묵었다. 출장을 혼자 다녔고, 말도 좀 서툴고, 길도 잘 몰랐지만 대한의 남아답게, 씩씩하고, 호기롭게 LA 시내를 구경하고 다녔다. 모든 게 낯설었지만 호기심 많은 나에게 커다란 경험의 기회로 생각되어 가급적 많은 것을 머리에 담고 싶었다.

시내 거리는 사람이 거의 보이지 않을 정도로 한산했다. 주변 상

가 대부분은 셔터가 내려져 있었고 셔터에는 휘갈겨 쓴 스프레이 낙
서들로 꽉 차있어 직감적으로 할렘가라는 걸 느낄 수 있었다.

그곳을 조금 벗어나자 깨끗하고 번화한 거리를 지나게 되었는데
뒤쪽에서 누가 휘파람으로 앞사람을 부르는 것 같았다. 내 앞에는
아무도 없어 뒤돌아보며 손가락으로 나를 부르냐고 물었더니 그렇
다며 오라고 손짓한다. 속으로 '미국사람도 아니고 초행인 나에게
길을 물어?' 하며 다가갔다. 도로 변에 중형차 한 대가 서있고 열린
뒷문 창에 덩치 큰 흑인 한 명이 얼굴을 내밀고 나를 부르고 있었다.

차에 거의 다다랐을 무렵 갑자기 누군가 내 뒷덜미를 낚아채고
끌고 갔다. 순간적인 일이라 손써볼 틈도 없이 뒷걸음질로 질질 끌
려갔다. 내게 큰 사고가 터지는구나 하는 생각에 눈앞이 깜깜해졌
다. 나는 인근 가게 안으로 끌려갔다. 날 끌고 간 사람이 한국사람
이냐고 묻길래 잠깐 한숨을 쉴 수 있었다. 다행스럽게 한국분이었
던 그 사람이 당신 어디로 가고 있었느냐고 묻기에 웃으면서 '내게
길을 묻길래……' 하고 대답했다.

그는 나를 부른 흑인의 손에 닿았다면 바로 차 속으로 빨려들어
가 그 뒤에는 무슨 일이 일어날지 모른다고 했다. 오금이 저려왔다.
그곳이 지금은 한인타운이 된 LA 시내의 과거였다. 지금 생각하면
겁도 없이 혼자 몸으로 타국의 시내를 활보했던 기개가 뿌듯하기는
하다.

ENCORE라는 회사로 출장 갔을 때의 일이다. 원래는 혼자 가기
로 되어 있었는데 ENCORE에서는 출퇴근을 시킬 수 없으니 알아서

출퇴근을 하라고 했다. 그때까지도 나는 운전면허가 없어 차를 렌트할 수도 없었고, 택시를 탄다면 출장비를 감당할 수 없을 것 같아 회사에 운전면허가 있는 사람을 데리고 가게 해달라고 요청했다. 마침 입사동기가 운전면허증이 있으니 함께 가라고 하셨다.

그런데 이 친구는 운전면허를 막 받은 상태였고, 국내에서도 시내 주행을 해 본 적이 없었으며, 해외 출장도 초행이었다. 하지만 어쩌랴. 미국에 도착하여 차는 그 친구 면허증으로 렌트를 하고 한 달을 무면허인 내가 운전하고 다녔으니, 나도 꽤 겁 없는 놈이라 아니할 수 없다. 나는 미국 지도 보는 것도 잘 알고, 군 시절에 대대장 운전병에게서 운전을 조금 배운 적도 있어 무리 없이 다닐 수 있었다.

교육 마지막 날 여느 때와 같이 출근을 했는데 우리 담당 교육매니저가 건물 출입구에서 기다리는 게 보였다. 잘됐다 싶어 평소보다 더 멋지게 파킹을 하고 입구로 걸어가니 매니저가 나를 불러 세웠다. 그러더니 갑자기 운전면허증을 내놓으란다.

"나한테 면허증 없는 거 잘 알잖아?"

"그럼 지금 당장 차에서 손을 떼라. 만일 운전하다가 경찰에 잡히면 곧바로 추방이며 앞으로 영원히 미국 땅을 밟을 수 없다."

그가 얼굴을 붉히면서 충고해 주었다.

미국과 일을 계속해야 하겠기에 나는 질겁하여 운전대에서 손을 놓았고 귀국 즉시 운전면허를 발급받게 되었다.

-에피소드 2: 한국의 발전 시작

다른 기억 하나는 백화점 구경을 나섰는데 동선 중앙에 떨이 물품을 파는 리어카 상점이 쭉 줄지어 있었다. 상품은 주로 신발, 떨이용 옷가지들이었다. 대부분 'Made in Korea' 제품이어서 조금 창피하기도 하였지만 당시 경제 상황으로 보면 그나마 다행이라는 생각도 하였다.

2년 정도 지나 다시 미국의 백화점에 들렀을 때 리어카 상품에서 한국산 제품을 찾아볼 수 없었다. 대신 중국 혹은 중남미 국가들의 제품들로 교체되어 있었다. 상인들에게 물어보기도 하고, 찬찬히 둘러보기도 했는데 이미 한국 제품들은 유명 숍의 진열대를 차지하고 있었다. 한국의 눈부신 발전상을 본 셈이다.

전문가 되기 마지막 코스

요즘 컴퓨터 구성은 클라이언트 서버(Client-Server)[8]로 구분한다.

초기에는 터미널 호스트(Terminal-Host)로 구분하였고, 컴퓨터 세그먼트(Computer segment)로는 콘트롤러(Controller)→터미널(Terminal)→마이크로 컴퓨터(Micro-Computer)→미니 컴퓨터(Mini-Computer)→메인 프레임 컴퓨터(Main-Frame-Computer)→슈퍼 컴퓨터(Super-Computer)로 구분하였다.

시스템에 따라 리얼 메모리 컴퓨터(Real Memory Computer)와 버추얼 메모리 컴퓨터(Virtual Memory Computer)로 나누었다.

당시 나는 컨트롤러부터 미니 컴퓨터까지 모든 공부와 경험을 두루 섭렵한 후였다. 남아있는 공부는 슈퍼 컴퓨터였다. 당시 한국에는 슈퍼 컴퓨터가 한 대도 없었다.

---

8) 네트워크로 연결된 컴퓨터들로 데이터를 분산 처리하는 기법

1985년 9월 사장님(지금은 은퇴하신 한국컴퓨터 산업의 산 역사이시다)의 호출이 있었다. PRIME 시대는 끝난 것 같으니 ENCORE와 CONVEX를 검토하여 어느 시스템이 우리 환경에 맞는지를 검토해 보고하라고 하셨다.

ENCORE는 파라렐 처리(Parallel Processing) 컴퓨터였고, CONVEX는 미니 슈퍼 컴퓨터로 벡터 처리(Vector Processing) 컴퓨터였다. 지금까지 모든 컴퓨터는 스칼라 처리(Scalar Processing) 컴퓨터로 업무 적용 분야에 따라 처리속도의 차이가 있었다. 검토 후 사장님께 CONVEX가 좋을 것 같다고 말씀드렸다.

몇 개월 되지 않아 미국 출장지시를 받았다. ENCORE와 총판계약을 할 것 같으니 한 달간 교육을 받고 오라고 하셨다. 파라렐 처리에 대한 공부와 테스트를 할 수 있는 좋은 기회였고, 스칼라 처리와의 처리속도 차이도 알 수 있었고, 생각지 못한 다중 처리(Multi-Processing) 기술을 덤으로 얻는 좋은 경험도 하였다.

ENCORE 교육이 끝나자 CONVEX가 어떤 시스템인지 궁금하였다. 회사에 연락하여 이왕 온 김에 CONVEX에 들르고 싶다고 요청하여 허락을 받았다. CONVEX에 연락하니 방문하여도 좋다고 하였다. CONVEX에서는 매우 반갑게 맞아주었다. 3일 동안 머물렀는데 CONVEX의 태동, 필요성, 장점 등 짧은 시간에 많은 얘기를 들을 수 있었다.

회사 컴퓨터 제조공장이 꽤 넓었는데 천장 밑에 여러 나라의 국기가 걸려 있었다. 태극기가 보이지 않아 농담 식으로 우리나라 국기는 왜 없느냐고 물었더니 한국에 지사나 대리점이 아직 없기 때문이라 했다. 더구나, 회사를 방문한 한국 사람은 당신이 최초이고 유일하다고 말해주었다.

여러 가지로 CONVEX에 애착이 갔다. 벡터 처리(Vector Processing)라는 새로운 O/S 아키텍처(Architecture: 컴퓨터 시스템의 구성)에 대한 관심도 증폭되었다. 곧 우리가 CONVEX의 한국 총판이 될 거라는 기대와 작심을 하였다.

귀국한 지 며칠 지난 후 한 회사로부터 만나자는 전화를 받았는데 CONVEX 대리점이라고 하면서, CONVEX에서 나의 연락처를 주어 전화를 했노라 했다. 나는 어이가 없었다. 방문한 한국인이 나밖에 없다고 했는데 갑자기 대리점이라니. 계약을 했느냐고 물었더니 그렇다고 했다. 내 눈으로 확인하기 전에는 믿을 수 없었다. 회사를 방문하여 사장님과 대면을 했다. 대리점 계약서와 데모시스템 도입 계약서를 보여주었는데 사실이었다. 함께 해 볼 의사가 없느냐는 질문을 피하고 회사로 돌아와 고민에 빠지게 되었다. 물론 회사에서는 CONVEX 대신 ENCORE를 선정하였다는 발표를 하였다.

회사는 그때부터 성과급제라는 제도를 시행하여 연말에 개인별 성과를 판단하여 성과급 지급에 차등을 두었다. 첫해 나의 평가는 과락 수준이었다. 내가 말없이 해온 일이 얼마인데 이런 평가를 받는 건가 기분이 매우 상하였다. 그리고 회사를 옮겨야 되겠다고 결심하였다. 사실 그동안 컴퓨터에 대하여 할 것은 다 경험해봤다. 컨트롤러 펌웨어부터 미니 컴퓨터까지, 남은 건 슈퍼 컴퓨터 기술이었다. 공부하는 김에 컴퓨터의 최종까지 마스터해야겠다는 생각도 회사를 옮기고자 결심하는 데 한몫하였다.

CONVEX 한국대리점에서 근무하면서 나의 컴퓨터 공부는 끝을 보았다. 컨트롤러 펌웨어 개발부터 호스트 프로그램 개발까지, 그리고 공정관리를 비롯한 여러 가지 애플리케이션 개발, 패키지 및 시스템 구축까지 할 수 있는 경험을 모두 할 수 있었다. 더구나 배우고, 경험하기 쉽지 않은 스칼라 처리, 파라렐 처리, 벡터 처리를 모두 경험했으니 말이다.

1986년 나는 대학원에 진학하였다. 기술적으로, 경험적으로 많은 것을 배웠지만 제대로 된 이론적 체계가 필요하였다. 벡터 처리와 컴파일러(Compiler)가 대학원 석사 논문의 주제가 되었다. 그때 지도 교수님이 전자공학 쪽으로 대단히 유명하신 분이셨는데 받아줄 테니 무조건 박사과정에 들어오라고 하셨는데 가정형편상 거부하였다. 또 기술사에 원서를 내라고 하셨는데 '기술이 중요하지, 자격증이 뭐가 필요합니까' 하면서 거부한 것을 지금도 죄송스럽게 생각하고 있다.

-경험 쌓기 1: 생면부지의 기술교육

해외 출장에는 한 달 이상의 장기 출장도 있지만 며칠씩 교육과정에 참여할 때도 있었다. 이런 교육 때마다 아주 곤혹스러울 때가 많았다. 컴퓨터 용어는 그런대로 알아들었는데 짧은 영어에다가, 다른 분야 전공에 대한 기술 교육은 용어 자체를 모르는 경우가 많아 전혀 알아듣지 못하니 그야말로 난감하였다. 교육 출장으로 미국에 체류 중이었는데 회사에서 갑자기 전화가 왔다. 간 김에 교육 하나를 더 받고 오란다.

받아야 될 교육은 엔시스(Ansys)라는 CAE(Computer Aided Engineering) 패키지 기능설명 3일짜리였다. CAE는 CAD(설계), CAM(제작), 다음의 유한요소해석(FEM) 기술로서 구조설계 전문가용 패키지였다. 예를 들면 자동차나 비행기를 설계하여 제작하였을 때 동체의 안정성 실험, 구조물 하중 취약점, 소재 선택의 오류 등의 실험을 하려면 실물을 벽에 충돌시켜본다든지, 마하 이상의 바람에 날개가 견디는지 풍동실험을 한다든지, 기둥을 세우고 하중실험을 한다. 이렇게 고가의 동체를 부수고 충돌시키면서 정확히 어느 부분이 취약한지를 발견해 낸다는 것은 비용면에서나 분석면에서 바위에 계란던지기일 수밖에 없다. CAE 패키지는 이를 컴퓨터로 시뮬레이션(Simulation)하는 기술로서 기계, 건축, 화학, 재료 등 진짜 전문가가 아니면 이해하기 어려운 기술이다. 전문가들도 어려워하는 기술인데 공학 쪽으로 아는 게 하나도 없는 내 귀에 들어올 리 없었다.

둘째 날 수업은 전날 구입한 녹음기를 교육 내내 틀어놓고 조금의 여유를 찾았다. 그런데 호텔로 돌아와 녹음한 내용을 들어보아도 알아듣지 못하는 건 마찬가지였다. 돌아가면 교육받은 티라도 내야 하는데 방법이 없어 초조해졌다.

그래서 기발한 아이디어를 생각해냈다. 퇴근 후 같은 호텔에 묵었던 교육생 중에 질문을 가장 많이 한 친구의 방문을 노크하고 차 한 잔하겠느냐고 꼬드겼다. 아르헨티나에서 온 나이 지긋한 친구는 그 방면의 전문기술자였다.

호텔 로비 커피숍에 앉아 1달러짜리 위스키 두 잔을 시키고 나의 고민을 얘기했다. 그는 나의 경력에 대하여 자세히 묻더니 대뜸 포기하라고 했다. 자신은 기계공학 전공으로 박사학위자이고, CAE 분야에서 10년을 일했지만 아직도 모르는 게 많아 질문을 많이 하게 된다고 얘기했다.

이런 난감할 수가……. 그래도 나는 조금이라도 이해하고 돌아가야 했다. 위스키 한 잔씩을 더 시키고 사정을 했다. 그도 꽤 난감한 표정을 짓더니 잠깐 기다리라 하고 방에서 노트 한 권을 가지고 돌아왔다. 그때가 밤 9시였는데 새벽 3시까지 노트 한 권을 다 써가며 기능과 장단점을 해주었다. 처음에는 '잘 모르겠다. 다시 얘기해 줄래?'를 반복했는데 나중엔 미안하여 더 묻지도 못하고 그냥 아는 척했다. 장시간의 진지한 설명을 듣고도 모르기는 마찬가지였다. 결국 귀국하여 연세대학교를 방문하여 여러 교수님들께 자문을 구했는데 모두 적임자가 아니라며 안타까워하셨다.

마침내 기계공학과 민옥기 교수께서 다음 학기에 FEM 강좌가 있다는 사실을 알고 찾아가 부탁하였으나, 학생이 아니라는 이유로 난감해하셨다. 정말 애처로울 정도로 부탁을 하자 마침내 청강을 허락해 주셨다. 물론 무료 청강이었다. 대신 학생들과 똑같이 대할 것이며, 중간 및 기말고사도 반드시 치러야 한다는 조건 하에서였다. 말씀대로 중간고사 날에 시험을 치르러 갔더니 칠판에 주관식 5문제를 쓰시고 그중 3개 이상을 답하라고 학생들에게 지시하셨다.

그러고는 나는 따로 불러 연구실로 오라고 하셨다. 연구실로 따라 들어갔는데 책 한 권을 던져 주시며 말씀하셨다.

"최 이사는 문제 풀이가 답이 아닌 것 같고 해서 다른 문제를 드릴 겁니다. 드린 책 몇 페이지부터 몇 페이지까지 번역을 해 오세요. 괜

찮겠죠?"

"네."

집에 와서 책을 넘겨보니 번역하라고 하신 부분은 전 세계에서 개발, 판매 및 운영되고 있는 분야별 유사 CAE 패키지에 대한 기능과 장단점을 자세히 설명해 놓은 것으로, 분량은 대략 100페이지 정도였다. 감사하게도 민 박사님은 나를 별도로 배려하여 맞춤식 교육을 하신 것이다. 이 얼마나 감사하고 교수님다운 발상이던가?

읽는 것보다 번역은 몇 배로 힘들었지만 약속대로 번역본을 제출하고 어렵게 한 학기를 공부하고 나서야 그나마 조금 이해하게 되었다. 아르헨티나 친구나 민 교수님은 생면부지의 사람에게 최대의 친절과 배려를 베풀어 준 고마운 분들로, 평생 잊을 수 없다.

CAE 교육을 받으면서 발명 아이디어를 생각해냈으니 바로 전자 칠판의 개발 계획이었다.

창업과 실패

이로써 꿈꾸고 계획했던 나의 컴퓨터 공부는 대부분 완료되었다.

서두에 얘기했던 바와 같이 제대로 된 컴퓨터 전문가가 되기로 결심을 한 후 8년 동안 컴퓨터와 관련된 많은 지식과 경험을 쌓고 터득한 후라 주변으로부터 창업을 자주 권유받았으나 자본금 문제, 또는 영업 능력의 문제로 주저하였다. 이것도 기지를 발휘하여 한동안 영업부 직원들과 동행을 하면서 여러 가지를 배울 수 있었다.

영업부 직원들은 나의 동행을 고마워했다. 초기에는 영업이 인맥과 발주처 관계자와의 관계유지로 이루어졌는데 전산화가 도처에서 활성화되면서, 또한 컴퓨터에 대한 지식들이 많이 보급되면서 영업은 자연스럽게 기술 영업을 요구하고 있었기 때문이다. 영업 직원들의 취약한 기술 상담을 지원해줌으로써 상호협력이 되었고 더불어 나는 영업을 배우는 효과를 얻을 수 있었다.

1988년 8월 나는 창업을 결심하게 된다.

자본금은 없었지만 '돈 벌려고 사업하는 것이지, 돈 있으면 왜 사업을 하겠느냐?' 하는 생각과, 고3 한여름 땡볕 운동장 버드나무 그늘에서 결심하였던 내 인생의 최종 목표인 '사업가 또는 최고 경영자가 되리라' 는 꿈을 실현시키기 위함이었다.

최종의 꿈을 실현시키기 위한 준비는 얼추 다 되었다는 생각이 창업을 서두르게 하는 원동력이 되었음도 사실이다.

회사명은 '세상 사람들과 컴퓨터 기술을 함께 공유하자' 는 의미로 '세인테크' 라 지었다. 경험담에서 얘기한 철도청, 건교부, 환경부, 인천시청, 강원도청, 아주대학교 등은 세인테크에서 개발한 실적들이다. 처음에는 어려움과 성공의 미래가 상존하면서 나름대로 창업하기로 잘 결정했구나 하는 생각이 들었다. 그러나 창업 몇 년 후 직원들이 많아지면서 회사가 어려워지게 되고, 예상하지 못한 문제들이 발생하면서 1차 창업에 도전하여 8년 만에 실패를 맛보게 되었다.

왜 망하게 되었을까? 별의별 생각이 다 났다.

창업 자본금을 턱없이 적게 잡고 시작했다. 조직 관리를 잘못했다. 빨리 구조조정을 했어야 했다. 너무 곧은 성격과 여린 마음도 한몫했다. 혼자서 할 수도 있으니 제대로 된 직원을 쓰지 못하고 혼자서 다 하느라 그랬다(나중에 초한지를 보게 되었는데 책에서 읽고 터득한 것이다).

통곡을 하고 가슴을 쥐어짜도 답은 없고, 어디 가서 하소연할 곳도 없고, 손 내밀고 부탁할 곳도 마땅치 않았다. 운명은 점점 죽음으로 몰아가고 있음을 직감할 수 있었다.

가족에게 미안한 일, 죄스러움, 아이들한테 할 일과 해줄 말들, 이런 것들은 죽기 직전까지 나를 괴롭히겠지만 죽고 나면 끝이 아니겠는가? 애들에게도 나름대로의 운명이 있을지 모른다는 위안감이 들기도 했으나 무의미했다.

마침내 텐트 하나만 들고 차를 몰았다.

죽어도 고향 근처에서 결행해야겠다는 생각으로 강릉으로 향하였다. 이곳저곳 생각해보고 찾아보아도 자살할만한 곳을 찾기 어려웠다. 고향집 근처보다는 좀 떨어진 곳이 좋을 듯했으나 출향 후 고향 근처를 다녀본 곳이 별로 없어 사막에서 금반지 찾는 듯했다.

강릉에 일찍 도착했으나 어둠이 내리기 시작해서야 적당한 장소를 택할 수 있었다. 조그만 계곡이었는데 도로변에 차 한 대 세울 수 있고, 계곡 입구에 자그만 집 한 채 있고, 조금 더 올라가보니 인적이 전혀 없고, 졸졸 흐르는 계곡물 옆자리에 텐트 치기 적당한 자리였다. 다시 내려와 차에서 텐트를 꺼내고, 구두는 벗어 운전대에 넣고 대신 운동화로 갈아 신었다. 그리고 텐트를 치고 자리에 누웠다.

처음에는 배고픔이 있어 물로 배를 채웠으나 점점 물 먹는 것도 줄어들었다. 마침 성경책이 있어 심심하지는 않았다. 나름대로 기도라고는 해 보았지만 기도의 힘을 믿지도 못하였다.

그렇게 5일 정도 지났다. 5일이 지나면서 몸에서 변화가 생기기 시작하였다. 온몸에서 수분이 서서히 증발된다는 느낌을 받을 수 있었다. 단식을 하여 죽는 경우가 이렇게 되는 거구나, 확실하게 알게 되었다. 기다림은 서서히 다가오는 죽음뿐이었다.

죽음을 느낌과 동시에 머리로부터 다른 변화가 오기 시작했는데 죽는 것이 능사가 아니라는 생각이었다. 죽는 것보다는 살 때까지

살다가 차라리 채권자들에게 맞아 죽는 것이 낫고, 그것이 애들한테도 훨씬 떳떳하겠다는 생각이 들었다. 빚은 갚을 때까지 갚아보고 안 되면 그때 가서 다시 죽을 생각을 하면 되겠다는 결론이 났다. 오늘 자고 나면 내일 아침 서울로 올라가기로 맘을 정하고 마지막 성경 읽기와 기도를 하였다.

다음 날 아침 좀 늦게 눈이 떠졌다. 언제부턴지 모르지만 가랑비가 내리고 있었다. '내 운명이 철수도 못하도록 막아선다는 말인가?' 하는 괴이한 생각도 얼핏 들었으나 이내 생각을 연결하지 못하였다.

밖에서 누가 부르는 소리가 들렸다.

"안에 누구 계세요?"

덜컥 겁이 났다. 한밤중에 맹수가 온다 해도 무서울 게 없었는데 갑자기 사람 목소리가 더 무서워졌다.

"안에 아무도 안 계세요?"

두 번 만에 꺼져가는 목소리로 대답했다.

"누구신데요. 흠흠."

그리고 텐트 밖으로 얼굴을 내밀었다.

"언제 왔어요? 언제 갈 거예요?"

나는 사용료를 내라는 뜻인 줄로 이해하고 얼른 '지금 막 갈려고 해요' 라고 대답했다.

내 나이 비슷하거나 몇 살 정도 어려보이는 젊은 아저씨였다.

"여기는 상수원보호구역이라 텐트를 칠 수 없으며 유원지처럼 와서 놀지도 못하는 곳이에요."

그러면서 자신은 시에서 지정된 상수원보호구역 관리자라 했다. 이어진 기막힌 얘기는 여기 부근에서 자살한 사람이 많다는 것이었다. 며칠 전 길가에 서있는 차를 보았는데 자세히 보니 운전대에 구두도 있고 하여 자살 용의자임을 직감했다고 했다.

하루 이틀 지나다 오늘 둘러보고 자살자를 찾아 신고하려고 올라왔다고 했다.

"미안합니다. 그냥 바람 좀 쐬려고 왔는데 그렇게 됐네요. 지금 내려갈 거니까 염려 마시고 내려가십시오."

아저씨가 내려가고 텐트를 걷기 시작했다. 겨우 묶은 텐트를 드는 순간 현기증이 나면서 쓰러지고 말았다. 한참이 지나 정신을 차렸는데 힘이 빠질 대로 빠져 죽음 일보 직전이 아니었나 싶었다.

몇 년 후 생각이 나서 다시 그곳을 찾아갔는데 집은 그대로인데 계곡으로 올라가는 입구에는 철조망으로 막아놓아 텐트 친 자리까지 가볼 수 없었다.

어른들의 '산 입에 거미줄 치겠느냐?', '다 때가 있는 법이다' 라는 말씀대로 운명처럼 기회가 찾아왔고, 폐업하면서 몰려왔던 많은 빚도 다 갚을 수 있었고, 강원랜드에 입사하여 마지막이라 생각한 통합시스템 구축도 경험하게 되었다.

내가 창업을 꿈꾸게 된 동기와 결심을 이해하기 위하여 나의 성장과정과 가정환경을 언급해야 한다. 꿈과 목표를 세우는 것은 매우 중요하며 어떤 계기가 있기 때문이다.

- 꿈과 목표의 탄생

갓난아이가 말 떨어지고 '가갸거겨'가 눈에 들어오기 시작할 무렵, 어른들은 장난 아니면 호기심으로 '너는 커서 뭐가 될래? 네 꿈이 무엇이냐?' 하고 묻곤 했다.

아이가 '대통령' 하면 흐뭇해하며 더 이상 말을 섞지 않지만, 조금 더 자란 아이가 당신 마음에 들지 않는 직업이라도 얘기하면 잔소리를 시작으로 반대의 논리로 강제하였다. 변명의 틈도 주지 않았다.

그때부터 잊지 않고 반복적으로 튀어나오는 말이 '앞집 누구를 봐라. 공부도 잘하고, 착하지, 걔는 커서 분명히 유명한 사람이 될 거다. 근데 넌 대체 커서 뭐가 될래?' 였다.

지금은 세계적인 정보도 많고 직업의 귀천이 없으니 많이 유화되기는 했다. 그래도 부분적으로 남아있어 가끔씩 보는 광경이 되었지만 그땐 그랬었다.

나에게도 위의 경우와 다를 바 없었다.

누군가 내 꿈을 물으면 서슴없이 '대통령' 했고, 부모님이 흡족해하시는 모습을 쉽게 떠올릴 수 있다. 그러면서 나도 모르게 대통령이 되는 것이 나의 꿈이 되고 말았다. 지금 생각하면 사실 그때까지만 해도 두메 시골이라 어떤 종류의 직업이 있는지도 모를 때였다. '대통령' 하면 모두의 눈이 똥그래지니 당연히 대통령이 최고인 줄 눈치로 알았고, 그렇게 얘기해야만 부모님이나 묻는 사람이 즐거워한다는 걸 알았던 것이다.

초등학교에 들어가 본격적인 배움을 시작하면서 대통령이 되려는 내 꿈은 공고해지기 시작했다. 대통령이 되려면 케네디 같은 사람이 되어야 했다. 누군가 '존경하는 사람?' 하고 물으면 대뜸 나오는 대답은 'John F. Kennedy'였다.

주일 미국대사가 된 케네디 대통령의 딸 캐롤라인은 내 맘 속의 애인이 되어 있었다. 커서 캐롤라인과 결혼해야지 하는 꿈도 가지게 되었다. 가끔 신문이나 잡지에 나오는 캐롤라인의 사진을 보면 너무 예뻤다. 저 정도 미녀쯤이면 내 애인으로, 내 마누라로 나무랄 데 없다고 미래의 가정생활에 대한 계획까지 그려놓았다.

어려서부터 체질적으로 공부하는 게 재미있었던 것 같고 여느 아이와 다를 바 없이 호기심도 많았다. 3살인가 4살부터 글공부를 시작했다. 그땐 잠이 없었는지 꼭두새벽에 눈이 떠졌다. 문 밖이 아직 깜깜하여도 차 지나가는 소리가 들리면 곧 날이 밝아오겠구나 알아차렸다. 큰길가의 집이기도 하였지만, 비포장도로여서 차 지나가는 소리가 탱크 지나가는 듯 유난히 요란했다.

지금은 듣기 어렵지만 가끔 한밤중에 차 지나가는 소리가 들리면 퍼뜩 옛 생각이 난다.

새벽에 눈을 뜨면 엄마를 깨워 불을 켜달라고 했다. 내 잠자리는 항상 아랫목 엄마 옆자리였는데 초등학교를 졸업할 때까지 엄마 젖을 만지며 잤던 것으로 기억된다.

그땐 전기가 들어오지 않던 시절이라 등잔불 혹은 호롱불이었는데 불을 켜주면 나는 가갸거겨를 떼고 책을 읽기 시작했다. 읽을 만한 책은 많았다. 누나들이 초등학생들이었으니 누나들의 교과서만으로도 읽을거리는 충분했다. 아직도 기억에 남는 글이 있는데 곳간

담벼락에 매달려 서로의 출생지를 묻는 '굴비와 북어의 이야기' 로 기억된다. 가끔은 한문에도 관심을 가졌고 입학 전에 내 이름은 물론 꽤 많은 기초 한자를 읽히기도 했다.

6살 무렵부터 입학하기 전까지 학교가 집 앞인 관계로 낮에는 심심하여 자주 학교로 놀러갔다. 누나가 공부하는 광경을 골마루 창문을 통해 들여 보다가 선생님께 들키기도 하였는데 선생님이 '들어와. 누나랑 같이 공부할래?' 했던 적도 꽤 있었다.

주변에서 학교에 일찍 들여보내라고 했지만 부모님은 반대하셨다. 작은형이 6살에 입학하였는데 친구관계 등이 별로 좋지 않아 보이셨기 때문이었다. 초등학교 입학식은 내게 특별한 의미가 있었다. 집에서 혼자 공부하다가 제도권으로 들어왔다는 기분이었다. 한글을 거의 깨친 뒤라 공부보다는 친구들이랑 놀 수 있다는 것 때문에 훨씬 재미있는 생활이었다.

어릴 때 나의 인사는 '진지 드셨습니까?' 였다. 먹는 것이 중요했던 시절이었다. 그러다가 어느새 '밤새 안녕하십니까?' 로 바뀌었다. 그때 '안녕' 은 6.25 사변 직후라 밤새 무슨 변고라도 없었는지 무탈의 안부를 묻는 인사말이었다. 그러니 요즘 아이들은 그때와 비교하면 아마 천국에 살고있다고 해도 과언은 아닐 것이다.

6학년이 되어 중학교 진학 문제로 강원도청에 근무하시던 큰형님이 나를 춘천으로 데려가시겠다고 하고, 어머니는 그냥 데리고 있겠다고 하셔서 작은 논란이 있었다. 유학 결정은 쉽지 않았다. 어머니는 어린애를 타지에 보낸다는 안쓰러움에 극구 반대하셨고 큰형님은 좋은 머리를 시골구석에서 썩히면 안 된다고 설득을 하셔서 양쪽

의견이 팽팽하였으나 결국은 나에게 최종 결정을 일임하셨다. 천지 모르던 나는 도시에 대한 상상과 목표에 한걸음 다가갈 수 있는 기회라는 생각에 덥석 유학을 물었고, 어린 시절 고아 아닌 고아 같은 중고등학교 시절을 보냈다.

처음 시작되는 타지 생활에 적응을 잘해냈으나 가슴속 깊이 외로움이 남아있었음은 지금까지 숨길 수 없다. 대체로 중학교, 고등학교 시절에 대한 특별히 재미난 일은 없는 편이었다. 이미 중3때부터 대입에 대한 준비가 시작되었다고 봐야 될 것이다. 그러나 세상이 넓다는 것을 알게 되었고, 읽게 된 여러 가지 위인전들 덕택에 나의 꿈은 대통령에서 과학자가 되는 것으로 바뀌게 되었다.

어릴 때 우리 집의 택호가 '병원집' 이었으니 시골에서는 꽤나 부유했고, 선망의 집안이었다. 학교 입학 전까지 우리 집에 간호사 누나 2명, 일꾼 아저씨도 있었으니 말이다. 그러나 어느 날부터 간호사 누나들도 일꾼 아저씨도 보이지 않게 되면서 밖에서 보는 것과 내막에는 차이가 있었다. 아버지는 연로하셔서 진료 보기가 어려웠고, 마작에 길들여져 가세가 기울어가고 있었다.

하나의 가슴 아픈 사연은 지금도 생각만 하면 가슴이 미어진다. 중학교 시험 볼 즈음, 누나는 고등학교 시험에 합격하고도 돈 때문에 또, 나 때문에 학업을 포기해야 했다. 누나는 며칠이고 식음을 전폐하고 밤낮으로 울었는데 옆에서 지켜보던 나는 아무 격려도 위안의 말도 할 수 없었다. 초등학교 선생이었던 작은형도 모 의대에 합격하였는데 등록금이 없어 입학을 포기하였다.

쓰러져가는 집안을 다시 일으켜야 한다는 것이 나의 사명이라 생각되었다. 이런 저런 고민으로 고등학교 3학년 땡볕이 내리쬐는 운동장 옆 버드나무 아래서 과학자가 되리라는 목표는 사업가 또는 경영자가 되겠다는 목표로 바뀌었고 이과에서 문과로 전환하였다.

　대학을 졸업하고 장교로 입대한 후 한 달이 채 안 되어 어머니는 자식들에 대한 한을 안고 하늘로 먼저 가셨다. 나의 애절한 효도 한 번 받아보지도 못한 채…….

　　思母

　고랑 논 밭뙈기는 옛 산하이건만
　안개로 남은 어머니

　어린새끼 품 밖으로 내치듯 보내놓고
　한 속에 한평생 얼마나 애간장을 태웠으며,
　마지막 눈감으며 무슨 생각하셨을꼬

　내려다보고 계시지요?
　그리움에 봉분마저 쳐다보지 못하고,
　하늘만 쳐다보고 서있는 이 못난 놈을
　사모는 안개비 되어 온몸을 적시고 있다

　　　　　　　　　　－2013년 맹하에 엄마 무덤 앞에서 쓰다

　태어나 13년 어린 시절 외에는 어머니의 일상을 곁에서 직접 자주 볼 수 없었지만 어릴 때 기억을 더듬고, 형·누나들로부터 전해들은 얘기들을 종합해보면 어머니는 참 여리고, 따뜻한 분이셨다.

가세가 기울어져 어려운 살림살이지만 내외부에 티를 내지 않으셨다. 고아처럼 자란 이종사촌 형을 친자식보다 더 사랑하셨고, 추수 끝나면 나환자였던 친구 집에 쌀말을 이고 먼 길을 걸어 조용히 전해주고 올 정도로 주변도 알뜰히 살피시는 존경받는 분이셨다. 나중에는 모범 어머니상, 장한 어머니상을 수상할 정도로 주변으로부터 칭찬도 받으시고 지금도 기억해주는 동네 사람들이 많을 정도로 자태가 고운 어머니셨다.

어머니의 성정 때문이었을까, 9남매 형제들 모두 모범적인 사회생활로 잘들 지내고 있다. 1년에 한 번씩 꼭 형제부부들만 1박 2일 모여 회포를 풀고, 형제애를 다지는 것도 어머니에 대한 애틋한 기억들을 잊어버리지 않으려 한 때문이 아닐까?

03

프로그래밍과
프로젝트 경영
(Management)

필자는 30년 이상의 개발 경험과 현장에서 보고 들은 것, 지속적인 관심의 결과로 한 가지 결론에 도달하였다.

왜 개발에 실패한 것일까?

왜 일정에 맞추어 개발이 되지 못할까?

첫째 질문의 답은 분석 능력의 취약에 있다.

둘째 질문의 답은 공정관리 능력의 부족함에 있다.

결과적으로 컴퓨터 공부를 하고, 경험을 쌓고, 창업도 하고, 대학 강의를 하면서 나에게는 불변의 지론이 생겼다.

- 사용자(업무에 해박한 담당자)가 컴퓨터를 알고, 언어(Language)를 구사할 수 있다면 개발 성공 확률이 가장 높다.
- 수십 명이 한 프로젝트에 참여하여 공동 개발에 성공하였다면 성공의 이유는 한 명의 유능한 개발자 혹은 프로젝트 매니저(PM)가 반드시 있었기 때문이다.
- 컴맹도 3개월이면 프로그램 개발이 가능하다. 언어는 단순히 우리가 사용하는 말처럼 그저 도구일 뿐이며, 업무 관련 학문을 연구하는 데 걸리는 시간보다 월등히 적게 걸린다. 독학이야 어렵겠지만 주변에 스승이 있다면 3개월 안에 가능하다고 믿는다.
- 분석의 세세함이 개발 성공의 척도이다.
- 특성 파악이 중요하다. 이는 의외라고 생각하겠지만 전문가에게는 반드시 필요하다.

업무 분석 능력

분석 능력이란 시쳇말로 '남의 이야기를 알아듣는 능력'이다. 특히, IT 개발자는 의뢰자의 설명을 알아들어야 업무 분석이 가능하다.

우리는 분석 능력을 과소평가하지는 않았는지 되짚어 보아야 한다. 분석 능력은 천부적이라 할 수도 있지만 작은 노력만으로 향상시키는 것이 가능하며 이왕이면 뛰어나야 한다. 분석 능력은 남의 이야기를 잘 알아듣는 것만 가지고 능력이 있다고 할 수는 없다. 분석의 질 즉, 이야기의 속내를 읽을 수 있어야 한다.

- 남의 이야기가 디지털화되는데 절차나 규칙에 어긋나는 등 논리적이지 못하면 과감히 지적하고 대화하여 구조화되도록 협의할 수 있는 능력이 있어야 한다.
- 요구사항이 너무 많거나, 연결의 복잡성, 개발의 난이도 등으로 단번에 개발이 어렵다고 판단되면, 사용자와의 협의를 통하여

2단계 순차적 구축도 과감히 권유하여 최적의 길을 찾아줄 수 있
는 책임감이 있어야 한다.
- 요구자가 어떤 시스템이 되기를 원하는지 속내를 간파해야 한다.
- 비전산 전문가에게 전산화된 후의 결과와 필요성 그리고 기대효
과를 설명하고, 역으로 개발에 필요한 요구사항을 제시할 수 있
어야 한다.
- 분석 능력자는 비전문가의 요구사항을 가장 콤팩트한 로직으로
단순화 설계할 수 있는 능력이 필요하다.

분석 능력이 없거나, 몰라서 사용자의 업무내용 분석이나 특성 파
악이 잘못되면 개발 후 제대로 사용하지 못하거나 불편을 초래하는
소프트웨어가 탄생하게 된다.

전산화 공부의 기초에 'Garbage in, Garbage out' 이라는 컴퓨
터 속담이 있다. 당시에는 데이터를 중요시하여, 자료가 충실해야
정보(결과)도 효용가치가 높아진다는 의미로 개발자들에게 기본적인
명언으로 통했다. 이 속담은 지금도 버릴 게 없다. 즉, 분석이 잘못
되면 결과도 두말할 필요 없겠거니와 프로그램이 원만히 실행되지
않는다는 의미로도 번역할 수 있겠다.

분석가는 쓰레기더미에서 보물을 찾는 사람으로 비유할 수 있다.
분석과 특성 파악은 그 정도로 어렵고, 난해한 업무(Domain)에서 정
도(正道)만 발굴해내는 최고위 기술자의 역할이라 하겠다.

분석 능력이 취약하여 문제에 제대로 대처하지 못하는 약점은 꼭
우리나라 기술자에 국한된 것은 아니다. 캄보디아에서 카지노 시스

템을 구축할 때 여러 외국 기술자들을 만날 수 있었는데, 그들도 분석 능력이 매우 취약하여 개발이나 구축에서 실력발휘를 잘 하지 못하는 사례를 목격한 바 있어 이는 세계적인 개발자의 문제임을 직감할 수 있었다.

－업무분석과 해석 능력이 뛰어나면 사업도 가능하다

여기에 재미있는 실화가 하나 있다. 공정관리(PERT/CPM) 상담 때문에 당시 한국중공업에 자주 방문하였다. 담당자는 기획실에서 근무하는 2명이었는데 컴맹들이었다. 그중 한 명에게 만날 때마다 컴퓨터 기초와 패키지에 포함되어 있는 정보 데이터베이스(Information DB)를 설명해주고 어려운 언어를 배우느니 차라리 개발이 간편한 DB를 공부해보라 권했었다. 그 친구는 나중에 정보 데이터베이스를 이용하여 소프트웨어 개발회사를 설립하였다.

그 후 나는 소프트웨어 개발회사를 설립하여 대구 소재 한 회사에서 개발 요청을 받았는데 그 친구와 경쟁하여 떨어진 일이 있어 참 아이러니한 일이 아닐 수 없었다. 나는 파일구조를 ISAM(색인 순차 액세스 방법)으로 제안을 했고, 그 친구는 정보 데이터베이스로 제안을 했는데 가격문제로 개발은 그 친구에게로 돌아갔다. 그 친구가 지금은 어디에서 어떻게 지내고 있는지 궁금하다. 나이도 나와 비슷했던 것 같은데 말이다.

한국중공업은 다품종 소량 생산을 하는 회사로서 자원 분석(Resource Analysis)이 꼭 필요하며 생산관리와 더불어 공정관리도 반드시 필요한 회사였다. 담당자들은 나와의 상담에서 욕심이 생겼고, 그림을 너무 크게 그리고 있었다. 나는 순차적으로 구축하는 게 정답이라고 얘기를 했는데, 결국 그림이 너무 커지는 바람에 시스템 도입을 포기하고 말았다. 때로는 전문가를 절대 신뢰할 필요가 있다.

분석할 때 특성을 알아야 한다는 것은 상황에 맞게 시스템도 순서적으로 할 필요가 있다는 좋은 사례가 될 것이다.

도메인(Domain)의 특성 파악

특성 파악의 개요와 중요성은 별도의 장에서 설명할 것이며, 사례를 통하여 증명할 것이다.

아래는 특성 파악을 잘한 덕분에 본인이 직접 개발에 성공한 사례들이다.

- 철도청 매표 예약시스템 단말기 개발(국내 최초)
- 환경부 배출업소관리 시스템 개발
- 철도청 차량검수관리 시스템 개발(국내 최초)
- 철도청 운전관리 시스템 개발(국내 최초)
- 김포공항 레이더 접근관제 백업 시스템 개발(국내 최초)
- 건교부 시범사업 ETC(현재의 Hi-Pass) 시스템 구축
- 레이더 관제 시뮬레이터(Simulator) 개발(국내 최초)
- 신용카드 VAN 시스템 개발

•신용카드 오프라인 터미널 개발

•서울시 교육청 ARS 개발

•수질오염측정 모니터링 시스템 장치 개발(국내 최초)

•대기오염측정 모니터링 시스템 개발(국내 최초)

•굴뚝 미세먼지오염측정 모니터링 시스템 개발(국내 최초)

다음은 기타 MIS, ERP 등 시스템을 개발하거나, 카지노 시스템을 구축하여 성공한 사례들로, 개발 전 고려해야 할 특성 파악을 어떤 방향으로 검토하였는지 설명하고자 한다.

-사례 1: 항공 레이더관제 시스템 개발

김포공항 접근레이더관제 백업 시스템을 개발할 때 제일 먼저 고려했던 사항이다.

원만하게 개발에 성공하려면 도메인의 어떤 특성을 파악하고, 어떤 전문 인력이 개발에 투입되어야 할까?

•항공의 전반적인 기초 지식이 있어야 한다.

•항로관제 실무를 경험해 본 개발자가 있어야 한다.

•레이더 기능과 어떻게 운영되는지 알아야 한다.

•컴퓨터 하드웨어를 알아야 한다.

•소프트웨어를 알고 개발 능력이 있어야 한다.

이것 중에 한 가지라도 소홀하거나, 해당 전문가가 투입되지 못한다면 개발은 불가능해지거나, 많은 개발자들이 필요하거나, 설사 개발이 되었다 하더라도 실용에서 문제가 발생할 것은 자명하다.

앞에서 경험사례로 이미 밝혀둔 바 있다. 나는 항공대학에서 항공관제를 배웠고, 군에서 레이더관제 실무를 했으며, 하드웨어를 좀 알고, 소프트웨어 개발 능력이 있으니 도메인 특성에 맞는 준비가 된 것이다. 이런 경우에는 말도 안 되는 얘기지만 혼자 개발해도 된다는 것이다(물론 그렇게 해서는 안 된다).

하지만 개발팀에 적어도 한 사람의 도메인 전문가가 반드시 필요하다는 것을 말하고자 함이다. 그래도 나는 분석과정에서 김포공항 시스템이 구축될 때 관여했던 건교부 국장님을 찾아뵙고 구축과정, 기술전수 시 기억나는 것들을 시간 날 때마다 자문을 구하였으며, 전역 후에도 형제같이 가깝게 지내던 공군의 레이더 정비반장을 찾아뵙고 필요 자료를 보거나 자문을 구하여 개발에 참고하였다.

-사례 2: 수질오염측정시스템 개발

현재는 수질이 오염되었는지 알려면 해당 지점의 물 샘플을 채취하여 수질분석기관에 의뢰한다. 오염 여부는 빠르면 일주일 느리면 한 달이 소요될 때도 있다 한다.

2003년 강원도청으로부터 '수질오염모니터링 시스템'을 개발할 수 있겠느냐는 제의를 받았다. 실시간 측정 모니터링이 필요한데 아직 우리나라에는 그런 장치가 없다는 것이다. 수질오염 측정 센서가 나와 있으나 주로 탁도 혹은 용존산소량 측정에 불과하다고 했다. 더구나 중금속에 오염된 물은 실시간으로 측정할 방법이 없다고 했다. 대장균 검사는 균 배양 시간도 필요하다.

나의 경험이라는 것은 시스템 엔지니어였고, 시스템 구축 경험이 있으며, 개발이었지만 환경이라면 대기환경측정시스템(TMS) 개발이 전부였다. 더 중요한 고려사항으로 '수질오염측정 모니터링 시스템'은 소프트웨어 개발이 주가 아니라 측정 기계장치를 개발해야 하는 일이었다.

도메인 특성을 파악해보았다.

- 환경 특히, 수질환경학에 정통하여야 한다.
- 장치개발을 위해 기계공학 전문가가 필요하다.
- 발광미생물 전공자가 필요하다(센서가 없으므로 실시간 측정은 미생물밖에 없다).
- 전자회로 설계와 제작자가 필요하다(컨트롤보드 개발).
- 컨트롤러 펌웨어 개발자가 필요하다.
- 컴퓨터 하드웨어를 알아야 한다.
- 소프트웨어를 알고 개발 능력이 있어야 한다.

개발에 성공하려면 최소한 7가지 분야의 내로라할 전문가들이 필요하다. 그렇지만 현실적으로 해당 분야 전문가들이 모두 모인다는 것은 거의 불가능했다. 아니면 준전문가와 보조요원들이 모여야 하는데, 최소한 개발요원만 10명 이상은 필요하게 될 것이다. 개발비용을 엄청나게 많이 준비해야 한다. 또한, 전문가들이 모인다 하더라도 PM 역을 해야 하는 내가 부족한 점이 너무 많았다.

전체적인 그림이 그려지지 않았다. 처음에 의뢰를 받았을 때 불가능해 보여 개발 불가로 통보하였다. 그러나 내 머릿속에서 사라져야 할 개발은 떠날 줄 몰랐다. 몇 가지 개발 가능성을 검토하였는데 어느 날 잠결에 그림같이 가능성이 떠오르는 것이다.

개발자들은 이런 유사 경험들이 있을 것이다. 개발은 성공하였다. 성공 이유는 특성 파악에 있었고, PM으로서 전체에 대한 확실한 그림을 가지고 있었기 때문이었다. 그리고 개발 방법은 단위별 외주였다.

영업 중에 수자원공사에서 저수지 물 관리를 하고 있다는 정보를 입수하고 휴대형 수질오염 측정감시 시스템을 개발하였다. 장치의 크기는 처음에 큰 냉장고만 했는데, 큰 여행용 가방 크기로 압축하였다. 특허도 3개를 출원하여 특허등록도 하였다.

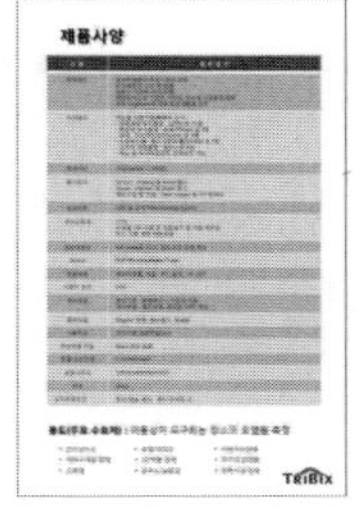
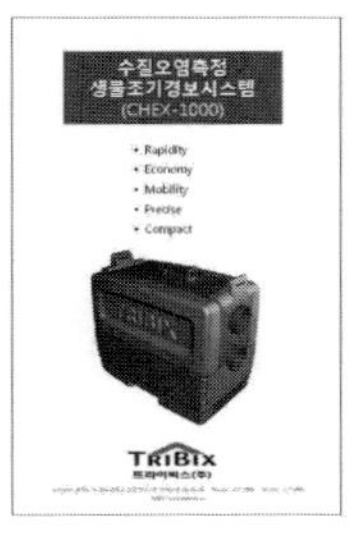
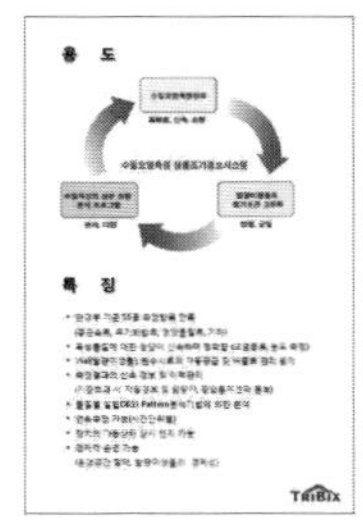

창업을 하고자 하는 개발자들에게 들려줄 얘기가 있다.

우선 개발비를 만드는 일에 대한 것이다. 개발 가능성에 대한 확신이 서면서 몇몇 투자 가능한 사람들을 만나보았다. 투자요청에 대한 답은 대체로 천편일률적이었다. '특허가 있어야 된다', '기술인증이 필요하다', 'NEP, NET 인증도 받아야 한다', '레퍼런스가 있어야 투자가 가능하다', 투자자는 모두 그런 식으로 투자를 기피하였다. 차라리 말이나 말지. 투자받기는 포기해야 했다.

우리나라는 말로만 투자이지 투자 환경은 아주 열악하다. 그나마 정부기관의 기술평가를 통한 출연금을 받는 것이 좋으나 수월하지 않음을 알 것이다. 기술을 담보로 자금을 빌릴 수 있으나 이는 곧 부채임을 잊어서는 안 된다.

영업은 또 다른 차원이었다. 정부 및 언론에서 환경오염의 중요성에 대하여 의견이 분분하지만 예산이든지 신기술 도입은 한동안 요원한 얘기이다.

소프트웨어 개발은 분석이 잘되면 추가비용의 차이가 별로 많지 않은데 비해 장치개발은 처음 해 보는 일이라 계획했던 것보다 개발비가 계속 추가되어야 했다. 꼼꼼히 분석하고 준비했지만 예상하지 못했던 장비 설계의 변경, 구조의 추가, 시행착오 등 만만한 일은 하나도 없었다. 예를 들어 장치 구조의 부품 하나만 변경되어도 연관된 수십 개의 관련 부품들이 모두 교체되고, 개발 제작을 처음부터 다시 해야 한다는 사실을 간과했던 것이다.

개발비 충당을 어떻게 해야 할지 고민하던 차, 정부에서 매년 중소기업청을 통하여 '중소기업기술혁신 개발사업'으로 개발비를 지원해주는 프로그램이 있음을 알게 되었다. 개발 계획서를 작성하고 제출하고 나서, 서류심사와 엄정한 면접 심사를 거쳐 개발비 지원을 받을 수 있었고 개발에 많은 도움을 받았다.

1차 개발이 완료되어 완료보고서를 제출하였고, 최종적으로 개발 우수(B)로 평가받았다.

아이디어나 특출한 제품을 가지고 있어도 세계시장에 진출하기는 매우 어렵다. 사업을 해 본 경험이 있는 나는 우리나라에서 창업을 하여 세계적으로 성공을 한다는 것은 하늘의 별 따기와 같다고 생각한다. 특허를 가지고 있더라도 자본과 영업력이 취약한 기술 위주의 사업은 특히 더 어렵다고 본다. 대기업이 중소기업의 기술을 탐한다거나, 하도급 대금 삭감, 장기 어음발행, 납품단가 후리기, 무단 협조요청 등등 상생이나 협업의 개념이 없다는 사실은 이미 세상에 공지된 사실이다.

중소기업이나 발명가들이 알아두면 꼭 도움이 될 훌륭한 프로그램이 있어 소개하니 참고하기 바란다. 경기도 중소기업지원센터에 NT 프로그램이 있는데 독특한 아이디어나 제품을 가지고 있는 분들이나 중소기업은 거의 무료로 해외 시장 진출에 도움을 받을 수 있는 프로그램이므로 문의해보기 바란다.

나는 환경 분야의 수질오염측정 및 감시시스템과 관련하여 3개의 기술특허를 가지고 있다. 하지만 단 한 번도 써먹어 보지도 못하고 사장되어 있으니 안타까운 일이라 아니할 수 없다. 9년간의 개발비

투자 및 개발로 제품이 만들어졌지만 영업은 호락호락하지 않았다.

전 세계는 지구온난화에 대비한 환경보호에 대하여 연일 필요성을 강조하고 있다. 특히, 환경오염과 물 부족 문제, 태양광이나 수소가스 같은 대체에너지 문제는 살아가면서 필수적으로 연구되어야 할 기술이지만 막상 기술 개발이 된다 하더라도 적용되는 데는 많은 시간이 걸린다. 어디에선가 설치하여 성공하였다고 소문이라도 나면 모를까, 누가 처음 목숨을 걸고 총대를 멜 것이며 고양이 목에 방울을 달아줄 것인가?

우리나라 사람들은 체질적인 것인지, 주변국과의 역학관계 때문인지, 혹은 유전적인지는 알 수 없으나 좋게 보면 외국인에게 정이 많고 관대해 보이지만 기술적인 문제에 있어서는 다분히 사대주의적이라 할 수 있다. 아무리 훨씬 나은 기술이라 하더라도 자국인이 개발한 기술은 업신여기는 게 다반사이지만 형편없는 기술이라 할지라도 선진국에서 가져온 기술이라면 평가할 가치도 없이 무조건 최고라고 믿고 받아들이는 현실은 앞으로 재고할 필요가 있다.

영업에 허덕이고 있을 때 경기도 중소기업지원센터에서 NT 프로그램이 있다는 소식을 들었다. NT 프로그램이란 경기도가 미국 텍사스 대학교 오스틴 캠퍼스와 협력하여 국내의 우수기술 혹은 아이디어를 발굴하여 미국에서 세계의 관련 업계와 연결시켜주거나 사업설명회를 통하여 세계 시장에 진출할 수 있도록 지원하는 프로그램인데 전액 무료로 진행된다. 나는 '수질오염측정 및 감시시스템'을 지원하였다. 1차 서류에서 60여 개 업체를 선정하는데 나중에 들었는데 600개 이상의 기술과 아이디어의 서류가 제출되었다고 한다.

나는 1차 서류에 통과되었다는 통보를 받았고 다음 절차로 텍사스 주립대학 컨설턴트 전문가 3명 앞에서 제안 설명을 해야 한다고 들었다. 제안 사유를 영어로 설명하고 질의응답도 영어로 해야 하는데 아무래도 기술적인 질문에 답하기가 어려울 것 같아 통역지원이 되느냐고 물으니 간사가 도움을 줄 거라고 했다.

영문으로 된 자료를 만들고 샘플 장비도 끌고 지원센터로 갔다. 순서가 되어 평가 심사실에 갔는데 난감하였다. 통역 없이 모든 것을 혼자 해야 된다는 청천벽력 같은 얘기였다. 어쩔 수 없이 땀을 뻘뻘 흘리며 제안 설명을 마치고 돌아왔는데 사실 대충은 포기한 마음이었다. 며칠 후 2차 발표가 있었고 21개 기술을 우선 선정하였는데 우리 제품이 포함되었다고 축하해주었다.

3차는 'Deep Drive Interview' 라고 하여 1:1 기술에 대한 심층토론이 요구되었다. 기쁘기 한량없었지만 까마득했다. 30분 내지 한 시간 하면 된다던 심층 인터뷰는 거의 2시간이나 걸렸다. 유창한 영어 실력이었다면 자신 있게 답할 수 있었겠지만 아쉽게도 더듬거리거면서 확실하게 답을 하지 못했다.

최종 선정된 기술에 대하여 1주간 교육이 있었는데 21개 기술 관련자 모두에게 교육기회를 주어 교육에 참여하였다. 교육은 주로 지적재산권, 사업성 검토 및 사업 운영 전반에 관한 기초지식 전달이었는데 세계 유명 교수들이 강의를 담당하였다.

강의 과목 중 성공사례 발표가 있었는데 너무 인상적이어서 여기에 옮기고자 한다.

전년도에 선택된 기술이었는데 자동차 타이어 소재를 9년간 개발한 업체였다. 나의 경험으로 미루어 볼 때 중소기업이 9년간 매출 없이 개발에만 몰두했다면 거의 폐업 날짜만 기다리면 되는 상황이었을 것이다. 회사 재무 상태가 좋지 않았을 것으로 미루어 짐작되었다. 업체 대표이사가 NT 프로그램 성공 사례를 발표하였는데 가슴에 와 닿았다.

개발이 완료되었을 때 A사를 찾아가서 납품 내지는 투자를 해달라고 부탁을 했다고 한다. 당연한 얘기지만 '당신이 이런 걸 개발했으면 우리는 그동안 놀고 있었겠느냐?'의 대답으로 일언지하에 거절당하고 후로는 전화도 한 번 못해봤다고 했다. 궁여지책으로 B사로 찾아가서 설명을 했는데 대답은 전과 같았다. 세 번째로 C사를 찾아갔는데 무슨 좋은 일이 있었겠는가? 우리나라는 외국의 기술은 깊은 검토도 없이 인정하려 하지만 국내 기술은 일단 색안경을 쓰고 본다는 것이다. 업체 대표는 이젠 더 이상 길도 희망도 안 보이고 막말로 죽을 날만 기다렸다고 했다. 그런 심정을 겪어본 사람이 아니면 누가 이해할 수 있겠는가?

마침 NT 프로그램에 참여하여 선정되었는데 전문 컨설턴트들은 선정된 기술에 대하여 다시 심층 검토하고, 보유된 기술과 연관성이 있는 전 세계의 업계와 연락하여 미팅을 주선했다. 이것이 여의치 않으면 미국 내 각 주를 다니면서 아이디어 사업설명회를 실시한다고 한다.

어느 날 대표이사는 전문가로부터 미쉐린과 미팅 주선이 되었으니 미국으로 오라는 연락을 받았다고 한다. 처음 가보는 미쉐린은 과연 어마어마한 회사였다. 그때까지만 해도 한국의 A사가 세계 최고의 회사인 것으로만 생각했었는데 규모로 보나 뭐로 보나 상대가 되지 않는 회사였다고 한다.

상담을 요청한 기술 담당자가 나와서 본인은 타이어 소재에 관하여 25년간 연구개발을 해왔다고 소개를 했다. 대표이사는 처음에는 안 되겠구나 했단다. 담당자가 행여나 자신도 아직 생소한 깊이 있는 질문을 쏟아낸다면 어떻게 대응해야 할지 걱정이 더 앞섰다고 했다. 그러나 담당자는 아주 친절하게 기술의 전반에 관하여 질문하고 상담도 하면서 아이디어도 주더란다. 얼마 후 1차 상당한 금액을 투자하겠다는 결론을 내려주더란다.

그 후 소식을 들은 A사, B사가 연락을 해와 투자하겠다고 했고, 나머지 C사도 지금 투자를 검토 중이니 기회를 달라는 연락을 받았다고 하면서 참석한 교육생들을 격려해주었다.

최종 10개의 기술을 선정하였는데 나는 떨어지고 말았다. 2%의 부족을 실감하고야 말았다. 탈락 이유는 아마 개발의 내용과 의도를 짧은 영어 덕분(?)에 충분히 설명하지 못함에 있었던 것으로 판단하고 있다. NT 프로그램에 참여하고 싶은 분들은 우선 영어회화가 자연스러워야 하고, 필수적임을 알아두면 도움이 될 것이다.

우리나라에는 머리가 총명한 사람들이 의외로 많다. 정부든 기업체들이 관심과 애정을 가지고 기술과 아이디어를 검토해준다면 아

마 세계 초일류의 국가가 되는 시간을 엄청나게 단축시킬 수 있다고
확신한다.

─사례 3: 특성 파악을 잘못하면

MB 정부 때 대통령이 텔레비전에서 물고기 로봇을 띄워 '수질오
염을 감시하겠다'고 발표한 적이 있었다. 친구들과의 모임에서 개
발을 해 본 사람으로서 불가능하다고 얘기해주었다.

친구들은 '너보다 훨씬 전문가들인 박사들이 모여서 가능하다고
결론을 내고, 확실성이 있으니까 대통령이 발표를 했을 텐데 네가
뭘 안다고 그러냐'고 핀잔을 주었다. 결과는 내 얘기대로 얼마 지
나지 않아 포기를 선언했다. 나는 다 이유가 있기 때문에 안 된다고
했을 뿐이다.

─사례 4: 특성 파악을 잘못하면

아직도 우리나라에서 대기업만 신뢰하는 안타까운 현장을 자주
목격하게 되는데 안타까울 따름이다.

국내 모 그룹의 SI회사가 정부기관의 대형 프로젝트(수백억 원 사업)
를 수주하였는데, 기본 기술이 없었으므로 미국 회사의 패키지를 도
입하여 구축해야 했다. 팀원 중 한 명이 고객 안전을 위한 핵심기술
은 도입을 하고, 나머지는 국내 기술로 충분하니까 도입과 국산화
개발을 분리하자는 의견을 냈다.

PM은 '너를 어떻게 믿느냐?'며 결국 프로젝트 전체를 외국 업
체에 의뢰하였다. 결과 외국 업체가 요구하는 대로 계속 비용이 추

가되었으며, 공기도 지연되었고, 발주사도 추가비용이 더 들어야
했다.

프로젝트의 반을 국산화하자고 했던 팀원은 이미 사전에 개발경
험이 있던 사람이었는데도 무시해버린 것이다. PM의 무지, 책임회
피 등으로 엄청난 국고를 낭비하고 기술 축적의 기회도 놓치고 말았
다. 10년에 한 번 올까 말까한 절호의 기회였는데 말이다.

그로 인해 당연히 PM도, 발주사 담당 공무원도 퇴직할 수밖에 없
는 허무한 사태까지 벌어졌다.

도큐먼트(Document)의 허와 실

과거의 개발과 달리 요사이 개발의뢰자는 도큐먼트를 중요시하여 요구분석 자료를 반드시 요구하며 방법론을 특정하여 요구하기도 한다.

도큐먼트는 중요하다. 우리나라는 도큐먼트에 약하다는 얘기들이 있는데 요즘은 의뢰자의 요구로 도큐먼트에 신경을 많이 쓰고 있는 모양이다.

−시나리오가 허접하면 영화나 드라마도 성공하지 못한다

시나리오 속에는 배경 및 연기자의 역할, 대사, 표정까지 세세하게 그려져 있다. 도큐먼트도 그 정도로 세심하게 구사된다면 의뢰자도 대만족할 것이다. 하지만 도큐먼트는 애초 그렇게 만들기 어렵다. 개발 과정의 변수가 많을 수 있기 때문이다. 때문에 도큐먼트를 작성할 때 몇 가지 주의사항을 고려할 필요가 있다.

**–분석/설계 요구서 작성에 시간 대부분을 보내는 경우는 바람직하
 지 않다**

분석/설계 도큐먼트는 간단하게 작성하거나 요구해야 한다. 개발
과정에서 설계서대로 되지 않는 경우가 대부분이다.

때문에 오히려 도큐먼트는 간소화하고, 구현에 시간을 더 많이 할
애해야 한다. 도큐먼트에 작성되지 않은 부분은 머릿속에 반드시 담
아 두었다가 구현에 적용하는 것이 효과적이다.

개발에서 꼭 필요한 데이터 흐름(Flow)과 요소(Element)의 분류 등
적용되어야 할 부분만 도큐먼트에 기술해두는 것이 개발기간 단축
에 도움이 된다. 최종의 완벽한 도큐먼트는 완료보고서에서 기술하
는 것이 효과적이다.

도큐먼트 작성 시 형식을 강요받기도 한다. 이럴 경우 내용에 신
경 쓸 겨를이 없음도 참고해야 한다.

데이터베이스(DB)의 허와 실

SAM, ISAM과 DB의 차이를 간단하게 설명한다.

검색할 때 검색어를 입력하면 컴퓨터는 어떻든 해당 파일의 처음부터 끝까지, 검색어와 일치하는 단어를 찾을 때까지 순차적으로 읽어가면서 비교해간다.

처음에는 SAM이라 하여 순차적으로 찾아갔는데 불필요한 것까지 비교할 필요가 없었다. 그래서 나온 검색기법이 ISAM이라 하여 레코드마다 색인(Index)을 붙여놓는 것이다. DB는 레코드뿐 아니라 단어까지 필드(Field)화하여 색인을 붙여 검색어를 찾는 데 더 수월하고 빠르게 구현된 패키지이다. 그런데 문제는 DB 엔진(Engine)이 방대하여 불필요한 CPU 에너지를 소모할 수 있다는 것이다.

DB 도입에 대해서도 얘기해 볼 필요가 있다. 물론 프레임워크(Framework) 선정도 같은 추론을 할 수 있다. 지금은 시스템하면 무조건 DB를 구축하려고 한다. 개발의 간소화, 개발기간의 단축, 시스템의 안정성 등으로 보면 당연히 DB를 도입해야 할 것이다. DB는 데이터양이 엄청나게 많거나, 데이터 요소(Element)가 많고 복잡하거나, 데이터 상호간의 연결과 검색이 복잡하게 얽혀져 있을 때 아주 유용하다. 하지만 DB 엔진이 잡아먹는 CPU에 걸리는 부하가 매우 크다.

업무 특성에 따라 굳이 DB를 구축할 필요가 없을 때도 있다. 바로 자원(CPU)의 낭비이고 시스템 성능에 영향을 줄 때이다. 아니면 DB의 종류도 많기 때문에 데이터양이 적거나, 연결이나 검색이 그렇게 복잡하지 않을 때는 소형 DB 패키지를 사용하는 것도 한 방법이 될 것이다.

이는 모두 업무의 특성 파악에서 나오는 결과이다.

일부에서는 컴퓨터나 부품 가격이 싸기 때문에 성능이 안 나오면 증설하면 되지 않느냐 한다. 이는 한 가지밖에 모르는 얘기이다.

첫째, 컴퓨터는 Node(연결의 개수)가 많을수록 속도는 현저히 떨어진다.

둘째, 시스템이 커질수록 도입비용은 적을지라도 유지보수비(고정비)는 훨씬 많이 든다.

경험에 의한 오만과 자만으로 인해 자충수라는 오류에 빠질 수도 있다.

업체의 마케팅 홍보에 개발자들이 현혹되는 경우를 자주 보게 된다. 기능을 조금 더해놓고 제품의 모델명, 버전을 바꾼다. 그리고 선전은 성능이 향상되었다거나, 기능이 여러 가지 추가되었다고 하여 가격을 대폭 올려버린다. 기존 제품에 문제가 생겨 기술지원을 요청하면 신규 버전을 소개하여 소비자를 혼란에 빠지게 한다. 투자 결심 책임자가 사유의 판단 없이 도입 결심을 하면 때에 따라 회사에 엄청난 비효율적 과투자가 발생되기도 한다.

분산처리의 실체

컴퓨터의 성능이 날로 발전하면서 하드웨어의 가격은 저렴해지고 프로그래밍 기법도 다양해졌다. 개발자는 객체지향이나 분산처리라는 용어를 많이 듣게 되는데 실체를 눈으로 볼 수 없으니 답답해 할 것이다.

요즘 시스템은 통합 구축이 대세이다. 통합시스템이라 하여 모든 단위시스템을 통합하여 일원화한다는 취지인데, 이로써 문제가 발생하는 사례를 많이 볼 수 있다.

특성 파악이 잘되면 컴퓨터 내부는 분산일지라도 사용자 입장에서 통합으로 보이게 한다. 즉, 보이지 않는 내부의 특성에 따라 분산시켜도 된다는 얘기이다. 단위시스템은 개발도 테스트도 쉽고 완벽에 가까울 수 있다. 팀원 간의 커뮤니케이션이 중요한데 이것만 원활하다면 가장 좋은 협업의 방법이 될 것이다. 이 원리를 이해한다면 요사이 개발 기법의 대세인 애자일(Agile)[9]에 대한 이해도 빠르게 될 것이다.

다시 강조하거니와 큰 시스템일수록 쪼개어 개발하여 분산처리를 하고 결과만 통합되면 그게 바람직한 통합시스템이라는 것이다.

여기에 눈으로 볼 수 있는 분산처리의 예를 들어보자. 음료자판기는 음료수별로 보관 라인이 별도로 구성되어 있다(단위 모듈). 구매자가 선택한 음료의 버튼을 누르면 요청한 음료수 캔이 한 출구로 나온다. 보관된 음료수 간 교통이 없다는 것이 분산처리와 조금 차이가 있다.

커피 자판기를 보자. 물통, 커피 통, 우유 통, 프림 통, 컵 보관 줄과 같은 단위별로 모듈화되어 있다. 제작과 생산에 참여하지 않아 실제로 그렇게 되어 있는지는 모른다. 그렇지만 분석 달인의 입장에서 볼 때 내부가 그렇게 되지 않으면 자판기 구조가 엄청 더 복잡해져야 할 것이고 자판기 엔지니어링 비용과 생산비용도 장난 아니게 과투자 된다는 것을 알고 있을 것이다. 구매자가 프림 커피를 선택했다고 가정해보자. 구매자는 내부에서 어떤 일이 벌어지는지 알 필요도 없지만, 컵 줄에서, 물통에서, 커피 통에서, 프림 통에서 적당량의 원료들이 제일 먼저 내려온 컵에 순서적으로 쏟아진다. 순서가 중요할 것이다. 모듈화된 분산처리의 실체이며, 음료자판기와 커피 자판기를 섞어 놓으면 완벽한 분산처리 시스템이 될 수 있다.

이 얼마나 간단한 원리이며 이해하기 쉬운가? 개발도 누워서 떡 먹기 아니겠는가? 분석 능력과 특성 파악능력을 다듬으면 이처럼

---

9) 설계에 집중하던 개발 방식에서 벗어나 좀 더 프로그래밍에 집중하는 개발 방법론

우리 일상에서 컴퓨터의 기능에 활용할 실체들이 도처에 있음을 실
증적으로 볼 수 있다.

공정관리의 필요성

제안서에 등장하는 예정일정표(공정표)는 'Gant-Bar Chart' 라고 하는데 이것도 공정관리의 하나이며 기초라 할 수 있다.

그러나 바 차트(막대 도표)만으로는 공정관리의 부족한 부분이 너무 많고 때에 따라서는 실효성도 의심스럽다. 정상적인 공정관리는 자원 분석 등 공정과 연관된 기능이 많지만 내가 요구하는 공정관리란 최소한 네트워크 다이어그램(Network Diagram)만이라도 그릴 수 있어야 한다는 것이다.

공정관리는 하나의 학문이며 쉽게 접할 수 없기에 개발자들은 공정관리를 잘 모르는 경우가 대부분이다. 그러나 알면 큰 도움이 될 뿐만 아니라 필요한 기본만 배우는 데 그리 많은 시간이 들지 않기 때문에 적극 권하고 싶다.

막대 도표는 CPM(Critical Path Method: 절대공기)을 알 수 없다는 단점이 있다. 단위 업무 개발의 연관성을 알아야 하며, 병행할 수 있는 단위 업무와 선 개발 후 개발의 기간과 연관 관계를 알아야 하는데 네트워크 다이어그램이 그 해답을 주고 있다. 사업수행 도중에 개발자 이탈, 요구사항 추가 등 예상 이외의 문제가 발생했을 때 공정 네트워크를 잘 알면 지연공기의 단축 방안과 같은 위기관리(Risk management)에 필요한 극적인 대처 방안도 찾을 수 있다.

공정관리는 건축, 중공업, 조선, 제조업 등 웬만한 기업체에서는 필수적으로 필요한 학문이다. 나는 많은 개발을 했지만 운 좋게도 혹은 다행히도 개발기간을 벗어나거나, 실패한 개발은 없었다. 즉, 수행 프로젝트마다 공정관리의 혜택을 많이 본 사람이다.

- 공정관리를 잘 알면 개발에 투입되는 핵심요소와 투입일정에 큰 도움을 받을 수 있다.
- 공정관리는 개발의 우선순위를 일목요연하게 해준다.
- 공정관리는 개발기간을 단축시킨다.
- 공정관리는 업무배분을 용이하게 하고, 중복이 없으며 통합 시 실수가 없다.

공정관리를 알게 된 사례는 2장의 내용 중 '공부와 경험 쌓기'를 참조하기 바란다.

−가장 위험했던 개발과 위기극복: 위기관리(Risk Management)

김포공항에서 항로관제 레이더 백업시스템 개발 용역 입찰이 떴는데 오랫동안 항공관제 업무에 경험이 있고 소프트웨어 개발에 자신이 있었기에 입찰에 참여하여 수주하였다. 국내 처음으로 개발하는 용역이기도 하지만 100% 정확한 개발이 아니면 순간적으로 대형 참사를 일으키는 일이라 매우 부담스러운 일이기도 하였다.

관제업무나 레이더의 원리는 잘 알고 있는 편이고, 마침 김포타워에 근무하는 관제사들 대부분은 안면이 있는 사람들로 많은 도움을 받을 수 있었다. 그러나 업무 및 현 시스템을 파악 분석하면서 많은 난관에 봉착하게 된다.

호스트컴퓨터가 지구상의 초창기 컴퓨터로서 이미 지구상에서 사라진 지 20년 정도 지난 8MB 코어 메모리(Core Memory)를 쓰는 시스템이었고 나도 듣기만 했지 처음 보는 컴퓨터였다. 당시 PC만 해도 메모리가 32MB 정도였으니 개발에 도전하기 전에 앞이 깜깜하였다.

레이더와 스코프(항공기 움직임과 항로표시 화면)의 통신문제였는데 당시 외부통신은 시리얼(Serial) 통신으로 적으면 3가닥, 많으면 7가닥의 선으로 통신이 가능하였는데 이 컴퓨터 통신케이블은 120가닥 케이블을 사용하였다.

백업 시스템이므로 호스트컴퓨터를 손대지 않고 호스트가 장애가 났을 때 정상적인 업무처리가 되는 시스템으로 개발하여야 했다.

개발은 크게 4가지의 문제를 해결하여야 했다.

• 레이더로부터 마이크로컴퓨터로 데이터를 직접 받아 처리하기

위하여 120Pin 케이블 데이터를 9pin Serial 통신을 할 수 있는
특수 케이블 제작
- 데이터 변환을 위한 컨트롤러 개발이 필요하며, 통신방식(프로토
콜)을 분석하는 일
- 움직이는 물체의 항적을 스코프에 표시하는 일
- 항로관제업무 처리의 애플리케이션을 개발

-개발 순서와 공정

핵심 : 항공기 운행 안전과 직결된 개발이라 레이더로부터 컴퓨터
로 들어오는 데이터와 프로토콜의 정확한 분석이 최우선이다.

- 데이터 통신용 컨트롤러 개발은 전자공학과 교수로 있는 친구와
협력계약을 맺고 대학원생들을 동원하여 개발하기로 한다.
- 개발은 항공 및 레이더 원리 그리고 관제업무는 평소 잘 알고 있
는 내가 직접 하기로 한다.
- 케이블은 공정상 컨트롤러 개발 후로 미루었다.
- 타깃을 터미널 스코프에 표시하는 개발도 뒤로 미루었다.
- 운영 매뉴얼이 있었지만 시스템 아키텍처가 전혀 다르기 때문에
별 도움이 안 된다.
- 최초 도입 경위와 구축에 관여했던 사람, 레이더 관련 기술자의
자문이 필요하다. 도입에 관여했던 남아있는 유일한 분인 건교
부 국장님을 찾았다. 너무 오래되어 기억을 많이 못하셨지만 그
래도 큰 도움이 되었다. 레이더 장비 관련은 GCA 정비반장을 만

났다. 장비 수리 및 유지보수에 대한 지식과 경험이 있으나 데이터가 어떻게 처리되는지는 모른다.

- 대학원생들에게 맡겼던 데이터 통신용 컨트롤러 개발에 실패하였다. 6개월이 지나도 컨트롤러 개발이 뜻대로 진행되지 않았다. 시간을 너무 많이 소비해 개발자 교체가 난감하다. 좀 더 기다려보자. 학생들은 설계와 아트워크(Artwork) 작업이 끝났다고 하면서 컨트롤러 보드를 제작하겠다고 한다.
- 보드 제작 업체가 샘플보드를 가지고 왔는데 사용 불가였다. 가장 중요한 CPU 칩은 반대 면에 놓여있고, 회로도 엉망으로 수정도 불가능했다.
- 업체가 제작비 지급으로 고소했고 나도 역으로 고소했다.
- 변호사를 선임했다. 변호사는 전자나 컴퓨터에 문외한이다.
- 변호사는 추가비용을 요구했고, 법적 다툼의 장시간 소요로 합의를 종용했다.
- 결국 제작 책임을 묻지 않고, 잔금 지급도 없는 것으로 합의 종결했다.
- 시간과 개발비를 날려버렸다. 앞으로 산학은 절대 하지 않으리라. 무책임이 원인이다. 앞으로 변호사 선임에 주의해야 한다. 전문성이 없는 변호사의 문제이다.
- 산학협력 계약을 파기하고, 하드웨어 개발자를 교체했다.
- 한 달 만에 컨트롤러 개발을 완료했다.
- Vendix라는 미국 업체로부터 케이블 수입을 추진했으나 수출 불가로 통보받는다.

- 하네스 업체와 120pin 특수 케이블 국산화를 추진했다.
- 커넥터(Connector) 제작이 문제였는데 한 달 만에 해결했다.
- 레이더와 마이크로컴퓨터를 연결하여 데이터 정산 수신을 확인했다.
- 레이더 데이터의 분석과 프로토콜 분석이 정리되었다.
- 데이터 분석 결과 알고리즘을 확인하였다. 그러나 해결해야 할 문제가 많았다.
- 타깃을 터미널 스코프에 표시하는 데 성공하였다.
- 개발 테스트, 비행점검을 위해 기술 점검용 항공기를 띄웠고, 레이더 시험시행을 실시하였다.
- 프로그램을 수정하고 점검용 비행기를 2차로 띄워, 최종 레이더 정상작동 시험비행을 실시하였다.
- 2개월 연체, 총 개발기간 14개월 소요되었다.

본 경험으로 몇 년 후 한국항공대학교에 학습용 항로관제 시뮬레이터(Simulator)를 국내 최초로 개발하여 납품하였다.

툴(Tool)과 프레임워크(Framework)의 특성 활용

혹자는 컴퓨터 언어를 몇 가지 아는 정도로도 자부심이 대단하지만 나는 절대로 그렇게 생각하지 않는다. 역시 프레임워크(Framework; 중간 지시자) 몇 개 아는 정도도 마찬가지이다.

차라리 한 개의 프레임워크라도 기능, 성능, In-out 등 세심한 특성을 잘 아는 것이 훨씬 개발에 유리하다. 없으면 만들어 쓸지언정 말이다.

뒤편에 기술한 대학 강의 내용 일부에서 설명했듯이 언어는 도구일 뿐이고, 단순 언어에 불과하다. 언어를 안다는 것은 다른 사람보다 영어, 중국어 등을 먼저 아는 것일 뿐이다.

개발자는 언어에 충실해야 하는 것이 아니고 개발해야 할 도메인(Domain)의 성격과 업무분석에 열중하여야 하며, 의뢰자의 전문성을 이해하는 데 주력하거나 평소 개발에 필요한 전문 지식을 준비를 하는 것이 훨씬 중요하다.

04

업무분석의
개요와 중요성

업무분석의 개요와 필요성

소프트웨어 개발제안서를 쓸 때 제안서 중간에 반드시 개발 예정 일정표가 첨부된다. 형식은 조금씩 다를지라도 대체로 다음의 항목과 형식을 따른다.

업무 항목	M	M+2	M+4	M+6	M+8	M+10	M+12	
요구분석	→							2
설계(상세설계)		→						2
개발			→					5
단위 테스트/수정					→			1
통합 테스트/검수						→		1
실행(안정기)							→	1

업무항목 모두가 다 중요하지만 요구분석이 제일 앞에 나오며 항목 중에 가장 중요하다.

분석의 필요성은 IT 분야에서만 요구되는 것이 아니다. 간단한 예를 통해 보면 다음과 같다.

- 건축분야에서도 입주자의 필요에 의한 요구사항이 있고,
- 발명을 할 때도 고객의 요구를 예측하기 위하여 개발될 제품에 대한 분석이 필요하다.
- 무엇이든 개발의뢰를 받으면 사용자 요구분석이 필요하게 된다.
- 우리의 삶 속에서도 틈틈이 자녀에 대한 분석과 특성 파악도 필요할 것이다.

분석의 종류에는 사업성 분석, 타당성 분석, 시스템 분석, 사용자 요구분석, 개발 가능성 분석 등 분석 주제에 따라 수없이 더 많을 것이다. IT 분야에서는 '사용자 요구분석' 이라고 부르고 있다. 분석을 위한 이론적 방법에도 여러 가지가 있는데 소프트웨어공학 혹은 개발방법론 서적에서 잘 소개하고 있으니 필요에 따라 참고하기 바란다.

요구자는 개발자에게 업무의 내용과 개발의 필요성 그리고 참고사항들을 자세히 설명해주고 개발을 요청하게 된다. 개발자는 이를 세심히 듣고 개발 참고사항, 일정, 시스템의 규모, 화면의 설계 등을 분석하고 설계하게 되며 개발에 적극 반영한다.

개발자는 이를 정형화·체계화할 임무도 가지고 있는데 이 일이 그리 간단하지 않다. 사용자의 요구사항이 무엇인지, 왜 전산화를 하고자 하는지, 어떤 방식을 선호하는지, 전산화에 필요한 데이터는 어떤 것이 준비되어 있는지 등을 일목요연하게 파악할 수 있어야 한

다. 그런데 업무 성격이나 난이도에 따라 의뢰자와 의견 충돌이 많이 생기기도 하고, 개발자가 자신의 주장을 포기하고 편한 마음으로 의뢰자의 요구에 따라 개발하면서 실패하는 경우도 많다.

분석이 잘되면 설계도 잘되며, 결과적으로 개발도 완벽에 가깝도록 성공작을 만들게 된다는 것을 개발자 모두 잘 알고 있는데 실상은 잘 안 되는 모양이다. 혹시 우리가 도구와 능력의 차이를 잘 모르기 때문은 아닐까? 의외로 분석의 중요성에 비해 책 속의 요구분석 페이지 분량이 너무 적은 것은 아닐까?

사실 가끔 소프트웨어공학과 관련된 책에서 요구분석 챕터를 볼 때 방법론이나 기법에 대해 이해하기 어려울 때가 많았다. 반드시 필요한 부분도 있지만 때에 따라서는 너무 복잡하여 요구분석서를 작성하느라 아까운 개발기간을 다 잡아먹는 게 아닐까, 별의별 걱정도 생기곤 했다.

의뢰자가 개발방법론을 특정하면 특히 더 힘들어질 것이고, 초보 개발자들에게는 시작부터 엄청난 부담이 될 것이다. 감히 조언하건대 방법론 공부에 애쓰는 시간을 조금 할애하여 분석 능력을 키우는데 투자하기를 권한다.

-사용자 요구분석

개발의뢰자의 최후의 요구사항을 한마디로 표현하자면 '우리 시스템은 업무(도메인)의 기능이 빠짐없이 실행되어야 하고, 안정적이며, 처리가 빠르고, 사용이 편리해야 한다.' 이다.

개발자는 바로 이런 목표를 가지고 시스템화 구상을 하게 되는데, 분석은 모든 개발에서 우선해야 할 필수항목이고, 개발의 성패를 가름하는 중요한 절차의 하나이다.

사용자에 따라 분석 방법이나 특성 파악이 달라져야 하기 때문에 사용자를 정리해보자.

① 수작업 문서로 업무를 처리해 온 비전산인-최초 시스템화 요구자

비전산인의 요구사항은 문서를 기준으로 이야기하기 때문에 전산화 후에 발생하는 결과에 대해 예상을 못하거나, 개발 절차, 메뉴의 순서 등을 잘 모르기 때문에 설명에 두서가 없는 경우가 대부분이다. 분석자가 전산화에 불필요한 단위업무를 없애려고 하거나 혹은 업무실행 절차의 변동이 필요하다고 협의를 요청하면 의뢰자와 큰 논쟁이 생기기도 한다. 분석자에게 원만한 업무 진행을 위하여 대화의 기법이 필요하게 된다.

방법은 도큐먼트가 우선이 아니고(그들은 도큐먼트를 볼 줄도 모름) 전산화된 업무처리 절차를 그림이라도 그려가며 전산 시스템 과외공부를 시켜서 전산화를 이해시켜야 한다. 주의할 점은 분석자가 자신의 경험을 과시하여 의뢰자의 요구를 무시하는 경우도 많은데 이는 매우 위험한 발상이다.

② 개발의뢰자와 최종 사용자가 다른 경우-인터넷 검색, 홈페이지, 모바일 앱 등

의뢰자가 전산인일 수 있고, 아닐 경우도 있으나 대체로 요구사항

을 잘 알고 있다.

방법은 최종 사용자가 무작위 학력자들임을 감안하여 평소 사람들의 일상과 행태에 대한 관심과 연구가 있어야 한다. 주의해야 할 점은 의뢰자의 요구사항이 절대적이라고 믿으면 안 된다. 전문가인 나도 인터넷이든 모바일 앱 프로그램이든, 처음 사용할 때 어떻게 들어가서 어떻게 사용해야 하는지 모를 때가 많다. 지인들이 사용법을 물어볼 때 모른다고 하면 '전문가 맞냐?' 라는 말이 돌아올 때도 많다. 이는 좋은 프로그램이 못 된다.

개발자는 자기 수준으로 개발하면 안 된다. 사용자가 누구인지를 감안해 그 대상에 맞춰야 한다. 가끔 자기 수준으로 개발을 하고 개발에 성공했다며 자부심에 빠져있는 개발자들을 본다. 이들은 머지않아 사용자로부터 어려워 못 쓰겠다는 질타를 받을 게 뻔하다.

③ 최종 사용자가 직원들인 경우–업무를 잘 알고 있는 사용자

의뢰자가 전산인일 수 있고, 아닐 경우도 있으나 대체로 요구사항을 잘 알고 있다.

방법은 최종 사용자가 업무와 전산화를 잘 알고 있음을 감안하여 평소 최종 사용자들과 대화를 많이 할 필요가 있다. 잡담이라도 듣고 사용자 특성을 파악하면 개발에 도움이 된다. 주의해야 할 점은 의뢰자의 요구사항이 절대라고 믿으면 안 된다는 것이다.

내가 본 실패 사례의 대부분의 원인은 개발팀이 의뢰자이며 전산인인 담당자의 요구사항에 너무 맹종하고 있는 것이었다. 전산인 의뢰자에 따라서는 종종 예기치 못한 복잡성을 집어넣을 것을 요구하

기도 한다. 그리고 실패하게 되면 원인 분석 시 사용한 기술을 탓할 때도 있다. 개발은 내가 혹은 전산인이 사용하는 것이 아니고 사용자가 따로 있다는 사실을 간과하면 안 된다.

④ 의뢰자 본인이 사용-전산인 혹은 특수 목적의 실험장치 등
의뢰자의 목적과 목표가 확실하기 때문에 의뢰자의 전문성을 잘 이해해야 한다. 요구대로 개발하면 실패한다.

방법은 요구자의 전문성을 이해하고 요구자보다 한 발 더 앞서나가는 설계가 필요하다. 특히 중요한 점은 뒤에 설명할 사용자 및 개발 내용의 특성을 정확히 파악해야 한다는 것이다. 주의할 점은 분석자의 전문성이 부족하면 지체 없이 분석자를 교체해야 한다는 것이다.

-분석자의 역할

DB를 쓸 것인지, 패키지를 도입할 것인지, 컴퓨터 규모는 어떻게 할 것인지, I/O bound 컴퓨터를 도입할 것인지, CPU bound 컴퓨터를 쓸 것인지 등도 검토되어야 한다.

분석의 의미는 요구사항을 안다는 것에 국한되어서는 안 된다는 것이다. 분석 전문가는 비전문 의뢰자의 요구사항을 듣고 전산화 불가 사항, 불필요 사항, 추가사항, 전산화 후 예측되는 미래사항 등을 조언하거나 우선순위를 알려줄 수 있어야 한다. 여기에서 개발자의 분석 능력이 돋보이게 되거나 개발의 성패가 가름된다. 분석 능력에 따라 업무나 구성이 간단하게, 복잡하게 또는 시스템 규모가 크게,

작게도 된다.

−분석이 잘되면

분석이 잘되면 설계가 치밀해지며, 사용자의 편리성이 반영되며, 데이터의 흐름(Flow)도 순탄하게 된다. 철도청 개발을 예로 보면, 지금으로 치면 최소 수십MB Code로 개발되어야 할 프로그램이 단 20KB로 개발이 가능했다는 것이다. 이는 분석 결과에 따라 치밀한 로직으로 구현이 가능하다는 것을 단적으로 보여주는 사례에 속한다.

또한 분석이 잘되면 설계, UI 디자인, 개발, 테스트 등 나머지는 자동으로 잘 따라오게 마련이므로 개발 성공 가능성이 매우 높다. 요즘은 개발 단계에서 개발 툴이나 방법론이 다양하므로 설계에서 그려진 대로 선택·활용하면 된다.

다양한 방법의 개발 방법론을 따라가다 보면 아까운 세월 다 보낼 수 있다는 생각이 들기도 하지만, 계획서나 완료보고서를 쓰기 위한 정형화에 필요하니까 어쩔 수 없이 써야 한다. 시대별로 구조적기법, 정보공학기법, 객체지향기법, CBD기법 등 앞으로 어떤 기법이 나올지 알 수 없으나 분석결과에 따라 선택하면 될 것이다.

다시 말하지만 소프트웨어 개발은 완벽할 정도로 개발 내용에 관하여 분석해야 성공할 수 있다. 개발자가 모두 개발에 성공하는 것이 아니다. 겉으로는 성공한 듯 보이지만 내실은 실패한 개발이 훨씬 많다.

감히 경험을 주장하는 이유는 경험은 살아 있고, 깊이 있는 경험이어야 하기 때문이다. 살아 있는 경험이란 개발에 실패가 없었다는 것이다. 많은 개발 프로젝트에 대한 내용은 거의 완벽할 정도로 파악되었기 때문에 경험이 많다고 감히 자부할 수 있어야 한다는 것이다. 이는 IT 개발자의 장점이자 특권이라 할 수 있다.

성공하거나 실패하거나 다양하고 심도 있는 경험은 삶에도 많은 도움을 준다. 문제에 봉착했을 때 먼저 일상과 상식(경험)에서 해결책을 찾고, 발달한 인터넷이나 모바일 앱을 이용하여 검색으로 찾고, 나아가 이론적인 분야에 대해서는 서적을 참고하는 것도 개발에 도움이 될 것이다.

−개발 요구자의 역할

개발은 무에서 유를 만들어 내는 창조의 예술 작업이라 할 수 있다. 개발자가 사용자 요구사항대로 개발했다면 이는 창작이 아니고 모사(模寫)이다. 그리고 자기가 개발한 것이라고 주장하기 부끄럽다. 사용자 요구사항을 개발자 나름대로 해석하고, 예측하고, 사용자 특성에 맞게 개발해야 비로소 창작의 예술 의미에 부합되며 감히 내 작품이며 내 자식이라 주장하는 데 주저함이 없을 것이다.

물은 잘 흐를 수 있게 두어야 한다. 물이 흘러야 물고기도 살고 물풀이나 기타 생명체도 살 수 있다. 어설프게 막으면 넘치거나 썩을 수도 있다. 즉, 개발자가 상상의 나래를 펼칠 수 있도록 자유를 충분히 주어야 한다. 그렇다고 개발 완료까지 무관심하라는 얘기는 아니다.

① 비전산인 요구자

분석/개발자는 요구자의 업무를 잘 모른다고 생각하고 개발하고자 하는 업무(Domain)의 특성을 우선 설명해준다. 목적과 목표가 정확해야 한다. 업무의 내용을 최대한 세세히 설명하고, 특히 참고사항이나 주의사항을 빼먹지 않도록 한다.

요구자가 분석자를 과대평가하여 나의 모든 것을 다 알고 있다고 기대하면 안 된다. 분석과 개발 과정에서도 개발자가 업무의 내용과 특성을 잘 이해하고 있는지 점검할 필요가 있다.

일부 요구자는 자신이 전산 전문가인 양 주장이 강한데, 이는 좋은 매너가 아니다. 개발자를 무한 신뢰하여야 한다.

② 전산인 요구자

자기주장이 강하거나 개발자를 업신여겨 일일이 개입·간섭·강제하는 요구자를 왕왕 볼 수 있다. 이런 요구자를 만나게 되면 최후의 모든 책임을 면할 수 없게 된다. 회의록을 근거로 '해 달라는 대로 해 줬다' 로 꼼짝없이 책임을 떠맡을 수밖에 없다.

중간 점검과 사업관리(특히 공정관리)의 지혜를 발휘해야 한다. 전산 업무를 잘 알기 때문에 개발자의 일원으로 생각하여 개발자의 노력에 적극 협조하여야 성공할 수 있다. 용역비를 주었으니 당신이 알아서 다 할 것이라는 사업관리로는 최종 점검에서 뜻하지 않은 난관을 만날 수 있다.

영화나 드라마에서 감독은 연기자에게 '출연료를 줬으니 알아서 연기해 봐' 라고 하지 않는다. 연기가 마음에 안 들면 그때마다 연기지도를 아끼지 않는다. 요구자도 그리해야 한다. 제안서를 받지만 제안서를 100% 믿으면 안 된다. 대부분의 제안서는 짧으면 10일, 길면 2개월 동안 만들어진다. 필요에 의해 형식을 갖추었다고 보면 정확하다. 제안자는 절대로 요구자보다 업무를 잘 알 수 없음을 알아야 한다.

제안이란 요구자가 모를 수 있는 획기적인 아이디어를 제안하는 것이다. 실제로 제안서를 검토해 보라. 과연 신선한 아이디어가 얼마나 있을까? 일부 요구자는 제안한 내용대로 해주도록 요구하기도 하는데, 이는 다시 생각해 볼 일이다.

참고적으로 우리나라의 RFP(제안요구서)는 너무 자세하게 기술되어 공고되고 있는 것은 아닐까? 외국의 RFP를 본 적이 있는데 몇 페이지 되지 않았다.

물론 장·단점이 있을 것이다. 요구사항을 세밀하게 작성하여 공고하면 준비되지 않은 업체라도 제안요구서만 가지고도 제안서를 쓸 수 있는데, 알다시피 준비되지 않은 업체에 낙찰되면 개발과 구축이 힘들어진다. 제안자가 필요로 하는 아이디어 요청이 부실해질 수도 있다.

RFP가 간단하면 내막적으로는 준비된, 해당 업무에 경험이 많은 업체만 참가해달라는 이야기다. 준비된 참가업체는 경험이 많으므로 신선한 아이디어도 포함하여 제안하게 될 것이고 개발과 구축에 실패가 줄어들기 때문에 장점이라 할 수 있다.

업무분석의 문제점과 고려해야 할 사항

우리나라에 직접 개발이 가능한 사람은 대략 100만 명은 넘을 것이라 예상해본다. 그러나 제대로 잘 개발할 수 있는 사람은 과연 얼마나 될까? 분명 얼마 안 되리라 본다. 그렇게 보는 이유를 개발의 과정과 결과를 여러 차례 보아 다음과 같이 정리해 본다.

- 일정 내 개발 불가 예를 수없이 봤다.
- 내가 생각하는 개발인원보다 훨씬 많은 개발자가 투입되었다.
- 개발자 일부는 업무 파악 없이 지시에 의한 개발만 하고 있었다.
- 지시에 의한 단위업무 개발은 되는데 전체를 파악하지 못하는 개발자가 많았다.
- 검수 후 바로 문제가 발생했다.
- 완료 후 사용자 불만이 많았다.
- 사용 6개월 후 혹은 1년 후 사용자 불만은 더 증폭되었다.

이 모두는 언어 구사 능력이 떨어지기보다는 오히려 분석·설계에 문제가 있기 때문이다. 좀 더 깊이 있게 접근을 해 보면 분석과 특성 파악 능력이 훈련되지 않았거나, 건성으로 문제를 바라보았기 때문일 것이다.

어떤 개발자들은 최종 사용자의 특성보다는 의뢰책임자(전산직원이나 부서장)의 요청사항을 더 신뢰하여 사용자 요구사항의 전부라고 생각하거나, 자신의 과거 유사 경험에 치우치거나, 아니면 특별한 분석 없이 의뢰자가 요구하는 대로 가감 없이 개발해 주기도 한다. 보나 마나, 들으나 마나 이런 개발은 100% 실패작임이 분명하다.

분석이 생각만큼 되지 않았을 때 개발 단계에서 자신의 능력 부족을 느끼게 되고 종국에는 포기하고 팀에서 스스로 이탈하거나, 팀에서 강제 배제를 당하는 경우도 많이 보게 된다. 그렇게 되면 다른 사람이 급하게 그 역할을 메꾸게 된다. 이렇게 한 사람의 실수로 개발 프로젝트는 어느 순간부터 흐름이 깨지게 되고, 절대공정을 맞추지 못하는 결과를 낳고 만다.

가장 기초적인 얘기이지만, 프로그램이 수행될 때 문제는 언제든 발생할 수 있으며, 언제 생길지도 모른다. 분석이 잘못되면 최종 사용자가 실행하면서 문제를 발견하는 촌극도 발생한다. 프로그래머의 작은 실수라면 수정도 간단하겠지만, 심각한 오류라면 프로그램을 전면적으로 교체하거나 다시 프로그래밍하는 사태까지 벌어질 수 있다.

업무분석의 중요성에 대한 강의

해당 분야의 전문가가 되어야 한다. 같은 제품 혹은 같은 기술을 지속적으로 다루다가 시간이 지나면 자연히 전문가가 되지 않겠는가?

내가 말하는 전문가는 이론적 또는 사전적인 의미와는 좀 차이가 있다.

사전적 의미의 전문가는 '가치 지향이나 지식의 특정한 목표가 문제에 집중되어 있고, 특정 활동에 대한 기술적인 전문성과 기법이 고도로 발달되고 세련된 사회사업 실천가를 말한다' 이다. 사전적 표현의 전문가를 여러 가지 다른 의미로 해석하고자 한다.

전문가란 어떤 사람일까? 사례를 이용하여 설명하면 좀 이해가 빠를까 하여 나의 경험을 얘기하고자 한다.

서일대학교 전산학과의 요청으로 시간 강사를 몇 년 했는데, O/S와 O/A 강의를 했다. 당시 신입생들을 처음 만났을 때 해준 얘기들을 소개함으로써 약간의 이해를 돕고자 한다.

신입생들은 IT 분야의 전문가가 되고자 하는 학생들이고, 당시에는 전산학과의 커트라인이 거의 톱 수준으로 높아서 고등학생 때 꽤 공부를 잘한 머리 좋은 친구들이 많았다.

"여러분들의 입학을 진심으로 축하드립니다. 여러분들은 왜 전산학과에 입학하였나요? 공부도 꽤 잘했을 텐데요. IT 분야에서 내로라하는 전문가가 되고 싶겠지요?"

거의 모두가 예외 없이 "예" 하고 대답하지만 갑작스런 질문에 의아해했다.

"그렇다면 여러분은 과를 잘못 선택한 겁니다. IT 분야의 전문가가 되기 위해서 크게 두 갈래 즉, 엔지니어로 나가는 사람들과 업무 개발자로 나가는 사람들로 나눌 수 있는데, 엔지니어로 전문가가 되는 얘기는 다음에 차차 하기로 하고 업무 개발자로서 전문가가 되려면 어찌해야 하는지 먼저 생각해 봅시다.

여러분들이 현재 프로그래밍을 잘한다고 가정을 합시다. 물론 프로그래밍을 잘하려면 컴퓨터에 대해 잘 알아야 합니다. 예를 들면 하드웨어 아키텍처, O/S, 컴파일러, 언어, 통신 등 이를 배우려면 시간이 많이 걸리기는 하겠죠. 그래도 이 정도는 알아야 업무개발을 잘할 수 있을 테니까요.

노력을 많이 해서 이 정도는 잘 알고 있다고 가정하고 질문을 하겠습니다. 어떤 회사로부터 경리회계 프로그램을 개발해달라는 부탁을 받았다면 개발이 가능할까요? 여러분이 전산 전문가가 되었다 할지라도 개발할 수 있는 사람은 아무도 없습니다. 개발을 하려면 경리회계 업무를 잘 알아야 가능합니다. 경리회계를 배우려면 얼마나 걸릴까요? 상업고등학교에서는 최소한 3년이 걸리고, 대학에서는 4년, 더 알고 싶다면 대학원 아니면 현장에서 몇 년의 경험이 있어야 이제 좀 알겠구나 합니다. 이 정도는 되어야 개발이 가능합니다. 프로그래밍은 배우는 데 얼마나 걸릴까요? 빠르면 3개월, 아니면 최소 1년 정도면 업무를 개발할 정도의 수준은 됩니다.

제가 지금 무슨 얘기를 하고 있는 걸까요? 그렇습니다. 차라리 경리회계를 전공하고 어느 정도 경험을 쌓은 다음, 프로그래밍을 공부하여 직접 개발·제작하는 것이 훨씬 완벽에 가까운 개발이 된다는 겁니다. 이런 상황에서 여러분이 과연 전산 전문가가 될 수 있다고 감히 얘기할 수 있을까요?

그러면 방법은 전혀 없는 걸까요? 방법은 있습니다. IT 전문가가 되고자 하는 여러분은 반드시 이 얘기를 잊지 말고 고민하고 실천하시기 바랍니다.

컴퓨터나 언어는 그냥 도구일 뿐입니다. 기계를 만들 때 필요한 공구에 해당된다는 얘기입니다. 어떤 사람들은 컴퓨터 언어를 좀 안다고 세상을 다 얻은 것처럼 우쭐합니다. 남의 말을 우습게 듣고, 잘 안 듣기도 하지요. 제가 보기엔 아무것도 아닌데 말입니다. 오히려 고개를 숙이고 겸손해야 하는데 말입니다. 왜냐고요? 아까 얘기했잖아요. 개발을 하려면 모르는 게 더 많다고요.

그러면 여러분이 해야 할 일은 무엇일까요? 첫째, 자신을 다시 한번 돌아보시기 바랍니다. 내가 IT 전문가가 될 소질이 있는지를 찾아야 되니까요. 개발의 경우, 개발에 앞서 개발하고자 하는 목적에 대한 업무의 분석 능력이 탁월해야 된다는 것입니다.

전 개발에 실패해본 적이 거의 없습니다. 남들이 어떻게 그렇게 개발을 잘하게 됐느냐 물으면 나의 분석 능력만큼은 내 기술이 아니라 타고났다, 천부적이다 하고 대답합니다. 너무 격에 맞지 않는 자랑인가요? 아닙니다. 남의 얘기를 듣고 빠른 시간 내에 상대방의 얘기를 완전히 이해하고 상대방이 무엇을 요구하고 있는지를 분석할 재능이 있어야 된다는 것입니다. 남의 얘기를 하나라도 허투루 들어서는 안 된다는 것을 말하는 것입니다. 남의 얘기 듣기를 즐기지 않는 사람은 우선 전문가 되기를 포기하시기 바랍니다. 설사 한다고 하더라도 오래가지 못하고 중도 포기하게 된다고 자신 있게 말할 수 있습니다.

분석이 끝나면 설계를 하게 되는데 이는 중요하기는 하지만 분석보다는 덜 중요합니다. 관건은 어떻게 표현하느냐인데 프로그램은 작게, 사용자에게 꼭 필요한 것만, 사용이 편리하게 개발하는 데 초점을 맞추면 됩니다. 요즘은 성능보다는 그림에 치중하여 화면 디자인을 얼마나 예쁘게 하느냐에 시간을 많이 낭비하는 것을 봅니다. 화면이 지저분한 것보다야 깨끗하고, 화려하고, 예쁘게 꾸미면 더 낫기는 하겠지요. 하지만 똑같은 화면을 매일 보고 있다면 처음에는 감동이지만 곧 식상해집니다. 그렇다고 매번 화면 디자인을 바꿀 수 있을까요?

프로그램의 본질은 화면이 아니라 간편한 조작과 성능입니다. 사용이 간편하고, 편리하여야 하며, 고장률이 0%에 가까워야 제대로 된 프로그램이라고 말할 수 있습니다.

분석 능력이 있다고 생각하는 사람들은 다음에 어떻게 해야 할까요? 직접경험(경리회계의 예)을 할 수 없으니 간접경험이 필요합니다. 간접경험은 무엇일까요? 읽고 듣는 것입니다. 그리고 매사에 '왜', '어떻게' 하는 관심과 강한 호기심을 갖는 것입니다. 이는 발명과도 연관됩니다.

저 같은 경우, 관련 서적을 읽고 전문지식을 이해하기가 참으로 어려웠습니다. 단시간 내에 관련 전문가들의 얘기를 듣고 이해해야 하는데 쉽게 머리에 와 닿지 않았습니다. 주변에 경리회계를 하는 친구나 선배가 있다면 그들의 이야기를 자주 들어야 합니다. 그렇다면 그들은 질문에 대답을 잘해 줄까요? 천만에요. 하지만 방법이 전혀 없는 건 아닙니다. 다음에 적당한 시간에 제 경험을 얘기해 줄 기회가 있을 겁니다.

개발은 창조입니다. 창조에 대한 도전은 외롭고 험난합니다.

경리회계의 경우에는 개발이 끝나면 거의 경리회계 담당자만 사용하게 됩니다. 그러나 회사 전 직원 혹은 다양한 사용자가 프로그램을 사용하게 된다면 어떻게 될까요?

성공한 개발자들은 평소에 인간사 모든 면에 대해 관심을 가지고 이해하려고 노력합니다. IT 전문가가 되려면 우선 인간의 생각과 공통된 행동에 민감해야 합니다. 결국 내가 개발한 프로그램은 내가 사용하는 것이 아니고 다수의 제3자가 사용하기 때문에 내 취향이 아닌 그들의 입맛에 맞게 개발되어야 하기 때문입니다.

어떤 개발자는 자기 편하게 개발합니다. 처음에는 사용자가 아무 말도 없지만 한 달 못 되어 불편·불만을 토로하는 사례를 아주 많이 보고 들었습니다. 왜냐고요? 얘기한 대로 뻔한 얘기 아닙니까?

개발자 또는 전문가는 모든 생태와 사물에 깊은 관심을 가져야 합니다. 사람이 개발하고 사람이 사용하기 때문입니다. 이 관심들은 어떤 개발에도 적용됩니다. 개발은 자기의 필요에 의해 개발되는 것보다 제3자인 필요자가 사용할 것이기 때문에 그들의 생태에 맞게 개발해야 한다는 것이지요.

매사를 볼 때 아이디어와 발명과 연결해보는 습관과 훈련을 해 보면 많은 도움이 됩니다. 이는 어느 분야의 전문가가 되기 위해서라도 필수적인 핵심요소라고 얘기하고 싶습니다. 전문가는 다른 말로 해결사라고 할 수 있겠지요. 문제가 발생했을 때의 해결 방법 첫 번째는 고장의 원인을 찾는 것입니다. 단순 기술자는 문제만 볼 수 있습니다. 원인을 찾기보다 고치는 데 우선합니다.

병이 든 환자의 예를 들어봅시다. 의사가 환부만을 생각한다면 그 병은 근본적으로 고쳐지지 못할 것이며 오진으로 병세를 악화시키거나 장기간의 치료에도 완쾌되지 않는 결과가 나오겠지요.

저는 감히 얘기합니다. 그는 전문가가 아니고 단순 기술자에 불과하다고. 기술자는 작은 한 부분에 국한된 전문가이기 때문입니다. 즉, 업무는 모르되 프로그래밍만 잘하는 사람들 말입니다. 의학 전문가라면 원인 파악에 집중하여 원인 치료를 통하여 단기간에 완쾌시킬 수 있습니다.

여러분들도 시작한 목표를 위하여 최선을 다하는 학생이 되기 바랍니다. 절대로 초심을 잊지 마십시오."

이렇게 나의 첫 대면 인사를 끝냈다. 처음 실망했던 친구들의 눈

빛이 많이 달라짐을 느끼면서 말이다.

전문가라면 상황에 맞는 기술과 지식을 겸비하여야 한다. 사업을 한다면 고객 맞춤형 기술이나 제품이 있어야 하는데 고객마다의 공통적 취향에 맞추고, 기업의 이윤창출에 부합되는 또는 기술 가치를 높이는 방향 설정에도 전문성이 필요하다.

기술 제품이라면 인간의 습관적 행동에 따른 편리성이 함유된 전문성이 요구된다는 것이다. 자기만 잘해낼 수 있는 기술이라면 단순 전문가일 뿐 많은 사람들이 인정하는 전문가는 될 수 없다는 얘기다. 즉, 단순 전문가는 이윤창출과 인적 조직 관리와 무관하기 때문에 부분적으로는 도움이 될지 모르나 상태에 따라서는 사업수행에 전혀 도움이 되지 않는다. 때에 따라서는 걸림돌로 작용하는 경우도 많이 보았다.

사업과 관련된 전문가는 특히 인생사와 연관된 다방면을 포함한 자기의 기술을 가지고 있어야 하며 또한 회사의 이윤 창출에 반하지 않아야 한다. 더 중요한 것은 진정한 전문가는 매우 겸손하다는 것이다. 즉, 권조나 우월감에 사로잡혀 있는 자는 전문가에서 벗어난다.

비슷한 예로 존경받는 선생님이 전문 과목의 지식을 단순히 전달하는 것보다 전문 지식과 인생이 복합된 하이브리드 노하우를 가르칠 때 더 깊은 의미가 있는 것이다.

적극적 업무분석의 사례

아주대학교 학사행정 시스템 중 기획·예산 프로그램을 개발할 때의 사례이다.

알다시피 기획실은 예산편성을 책임지는 부서이고 총무부서는 예산집행의 부서이다. 원래 주어진 업무가 기획·예산이므로 보편적으로 생각할 때 기획실에 대한 요구사항만 받고 분석하면 될 일이다.

하지만 난 최종 사용자가 누구이며, 어떤 과정이 필요한지 궁금하였다. 주어진 시간 외에는 총무부 사람들과 어울리는 데 시간을 할애하였다. 그 분석과정에서 묘한 상황이 발견되었다. 수작업으로는 별로 문제되지 않을지 모르지만 전산화했을 때 발견될 수 있는 문제였다. 즉, 예산과 집행 간의 데이터 충돌이 생기는 것이었다. 기획실의 요구대로 하면 총무업무가 안 되고, 총무부의 규정에 따르면 기획업무에서 문제가 생기는 것이었다.

아무리 머리를 쥐어짜도 묘안이 없었다. 결국 아이디어를 냈다. 기획실장과 총무부장에게 커피 한잔 하자며 자리를 만들었다. 그리고 충돌업무에 대한 문제를 제시하였다. 처음 양 부서는 각자의 규정이라며 물러서지 않았다. 나는 전산화의 기초와 자료의 흐름(DFD)을 자세히 설명하며 충돌의 실제를 그림으로 보여주었다. 마침내 두 책임자는 학교 예산 및 집행상 규정에 문제가 있음을 수긍하게 되었고 규정을 바꾸었다. 물론 시스템 개발은 성공적이었다.

이처럼 개발 분석자는 사용자 요구사항에 치중하면 안 되며, 업무 전체의 흐름을 파악하여 개발 전에 의뢰자와 문제점을 협의하고 개선방안을 결정해야 한다. 요구사항에 집착하거나, 어쩔 수 없이('갑'의 요구니까) 요구대로 개발한다면 궁극적으로 좋은 시스템이 될 수 없다. 업무분석에 적극적이고 개발에 책임감이 있다면 개발의뢰사의 사규도 바꿀 수 있어야 한다.

05

분석 능력 키우기

대체로 개발 경험이 적은 IT 개발자는 업무에 대한 전문성이 없기 때문에 분석할 때 능력의 한계에 부딪히게 된다. 분석 능력을 키우려면 환경이 중요하다. 즉, 분석할 수 있는 테마가 있어야 하고, 테스트할 수 있는 여건이나 결과를 얻을 수 있어야 하고, 유사 사례들이 많아야 한다. 분석 능력을 키우는 환경으로 특히 IT 분야가 아주 적합하다. 다른 유사 분야도 있겠지만, 이는 IT 분야의 특권이다. 동기유발의 기회가 되기 바란다.

의뢰자가 전문분야에 대한 설명을 할 때 잘 알아듣지 못하거나 이해하지 못할 때 알아들은 척하여 개발하거나, 의뢰자의 말 그대로 개발하게 된다면 결과는 뻔하다. 그러나 실망할 필요는 없다. 분석 능력을 키우면 전공이 아닌 분야를 처음 만난다 하더라도 너끈히 해결할 수 있는 가능성이 높아지기 때문이다.

다음은 분석 능력을 키우기 위해 먼저 준비해야 될 사항들이다.

컴퓨터에 대한 깨우침

컴퓨터에 대한 나의 깨우침은 '컴퓨터는 인간이며 우리의 일꾼이다' 이다. 일꾼에게 일을 잘 시키려면 일꾼의 능력을 잘 파악하고 있어야 한다.

컴퓨터를 이해하게 되면서, 더 좋은 컴퓨터는 자료와 정보를 더 많이 담을 수 있어야 함을 알게 되었다. 비유하면 사람도 마찬가지이다. 아기가 태어났을 때 골방에 가두고 음식만 제공한다면 어떻게 될까 생각해본 적이 있다. 컴퓨터가 있되 정보가 없으면 무용지물이듯이 사람도 마찬가지일 것이다. 그런 경우가 발생한다면 그에게 주어진 운명은 어떤 것일까? 그 아이는 자신의 의지와 무관하게 살고 죽는 동식물과 무엇이 다를까?

컴퓨터를 공부하면서 나름대로 컴퓨터 이해의 체계를 확립하였다. 컴퓨터는 인간이며 지구상에 별도로 마련된 하나의 국가라는 가설이 생겼다. 컴퓨터는 왜 태동하게 되었을까도 정리되었다.

다음은 내가 컴퓨터 관련 강의를 할 때 사용한 내용이다.

　과거 한 집안에 머슴이 살고 있었다. 그때는 통신도 없었고 자동차도 없던 시절이라 머슴은 쉽게 다른 일자리를 찾기 어려웠으므로 한 집에 붙박이로 살아야 했고, 하라는 대로 복종하며 살아야 했다. 다른 지방 머슴이 세경을 얼마 받는지 알 수도 없었지만 알 필요도 없었다. 주인이 주는 대로 받고 시키는 대로 했다. 불평불만을 삭여야 했고, 자신의 미래에 대한 희망도 있는 둥 마는 둥 했다.

　세월이 흘러 통신이 발달하고, 교통이 원활해지면서 다른 지방의 머슴과 교류가 잦아지면서 그들이 하는 일의 양과 받는 세경을 비교하게 되었다. 그러면서 주인과 조금씩 마찰이 생기게 되었다. 주인의 입장에서 보면 마음대로 사람을 부릴 수 없는 지경에 이르게 된 것이다. 이때부터 주인은 돈은 적게 주면서 군소리 없이 절대 충성할 다른 머슴을 찾으려 노력했다. 아니면 일꾼 같은 로봇처럼 일을 할 개체를 찾게 되었다.

　결국 궁극적으로 로봇을 만들기 위한 순서에 의해 태어나게 된 것이 컴퓨터이다. 이는 회사와 같은 조직에서도 같은 개념으로 보면 된다. 항상 똑같이 벌어지는 업무를 대신해 줄 수 있는 무엇이 필요하였고, 불평불만에 싸여 생산성이 떨어지는 사람을 대신하여 사람의 손을 빌리지 않고 자동으로 생산성을 높일 수 있는 무엇이 필요하였기 때문이다. 더구나 반복적으로 똑같은 일, 아니면 고난도의 머리를 쓰지 않아도 될 일에 적합한 기계와 같은 장치가 필요하였다. 사람은 스스로 일을 하는 것보다 지시하는 것을 즐거워한다는 심리도 한몫하였다.

컴퓨터 단말기 쪽을 분해해 보면 인간의 구조와 똑같다고 보면 이해가 빠를 것이다.

컴퓨터도 인간과 같이 뇌의 구조를 가지고 있다. 자료 수집을 위하여 보고, 듣고, 접촉하는 눈, 코, 귀, 입, 피부 등은 컴퓨터의 키보드, 마우스, 센서와 같은 입력장치이다. 지시, 통제를 담당하는 인간의 뇌의 역할을 하는 것은 컴퓨터의 CPU이다. 자료를 찾아내고, 정보화하는 데 필요한 인간의 뇌 역할을 하는 메모리, 자료를 오래도록 저장해두는 기억의 뇌 역할을 하는 장치로는 디스크 저장 장치(Disk Storage)나 테이프가 있다. 그리고 저장된 자료를 정보화하여 말하고 행동하는 입과 팔다리 역할을 하는 것은 화면 디스플레이(Display), 프린터 등이다.

지금은 발전을 거듭하여 컴퓨터가 사람처럼 말도 하고 동작도 한다. 넘어지면 스스로 일어날 수도 있다. 좀 더 진화하여 인간을 닮아가는 날도 기대할 수 있다.

사람은 나이 들면 기억력이 떨어지거나 흐릿해진다. 컴퓨터의 저장장치도 오래되면 크래쉬(Crash)라고 하여 부분적으로 자료가 깨지거나 삭제되어 기억을 못 하는 상태가 된다. 그러나 컴퓨터는 쉽게 크래쉬된 부분을 복구하거나, 다른 기억장치에 별도로 보관하였다가 재사용하거나, 부품을 교체하여 새로운 두뇌장치로 사용할 수 있으니 수명으로 따지면 사람과 달리 반영구적이라 할 수 있다.

컴퓨터도 사람과 같이 먹어야 산다. 즉, 전기이다. 전기코드를 꽂으면서 중얼거린다.

"자! 밥 들어갔다. 많이 먹어라."

구조상으로 보면 어찌 사람과 같지 않다고 할 것인가?

또한 지구에 200여 개의 국가가 있듯이 컴퓨터에도 여러 나라들이 매우 다양하게 존재한다. IBM, HP 등 개발사에 따라 조금씩 다른 법과 언어를 가지고 있다는 점이 유사하다. 나이 들수록 사람이 세상을 따라잡기 훨씬 어렵듯이, 컴퓨터 나라도 매우 빠르게 변하여 지속적으로 공부하지 않으면 따라잡기 어렵게 된다. 국가 간의 교류가 있듯이 이기종 간의 컴퓨터도 교류(통신)가 있다. 국가처럼 언어도 있고, 법(규칙)도 가지고 있다. 물론 사람이 다른 나라에 들어갈 때 입국허가를 받듯이 컴퓨터 나라에 들어가려면 입국 출입증도 필요하다. 이 모든 것은 최초 개발자가 말 잘 듣는 머슴(인간)을 만들고자 한 결과이다.

최근 빅(Big) 데이터, 클라우드(Cloud)라는 용어를 사용하는데 일반인들은 무슨 뜻인지 알고 있을까? 컴퓨터 시스템은 국가라고 언급하였다. 클라우드도 국가이다. 시스템이 작으면 소형 국가, 조금 크면 우리나라 같은 중형 국가로 보면 되고, 클라우드는 미국, 중국, 소련과 같은 대형 혹은 초대형 국가이며 다문화 국가이다. 세상의 모든 문화(데이터, 정보)가 없는 게 없는 나라로 해석하면 된다. 필요하면 클라우드는 소·중형국을 흡수 통합하기도 한다.

클라우드 내에 업무 프로그램을 개발해 놓고 작은 시스템을 끌어들인다. 이럴 경우 회사는 큰 비용을 들여 시스템을 구축할 필요도 없고 사용료만 내면 되니까 서로 편리할 것이다. 그러면 빅 데이터

는 무엇일까? 클라우드 내에 살고 있는 다문화이다. 즉, 데이터(자료)
와 정보라는 것이다.

이렇듯 지구에는 인간 종족과 컴퓨터 종족이 함께 살고 있는 것이다.

누구보다도 유용한 정보를 많이 가지고 있고, 가장 빠른 시간에
상담자가 요구하는 자료를 기억해내어 정보화하여 대답해주는 사람
이 존경받는 사람이듯이, 사용자에게 필요한 정확한 정보를 재빠르
게 제공해 줄 수 있는 컴퓨터가 훌륭한 컴퓨터이다.

컴퓨터 나라에도 심각한 약점은 있게 마련이다. 입출력기관의 한
계로 인하여 인간과 같은 정보이용의 다양성을 가질 수 없으며 출력
기관도 한정되어 있어 표현의 한계가 있다. 이러한 약간의 단점들도
인간의 무한한 도전 욕구로 조만간 보완되어 극복되리라 짐작할 수
있다.

더욱 심각한 약점을 꼽는다면 컴퓨터가 아무리 빠른 연산능력을
가졌다고 하더라도 인간의 두뇌보다 빠를 수 없다는 것이다. 또한,
인간의 데이터가 아날로그임에 비해 컴퓨터는 디지털 데이터에 의
존하기 때문에 컴퓨터가 아날로그형으로 바뀌지 않는 한 컴퓨터가
인간을 뛰어 넘을 수 없다는 것이다. 인간이 변하지 않는 한 어떠한
컴퓨터라도 이 범주를 절대로 벗어나지 않을 것임을 감히 확신한다.

통역자로서의 역할 이해

개발자는 한마디로 통역자이다. 언어와 문화가 다른 국가 간에 협력하거나 혹은 외국인 피고용자에게 작업을 지시하려면 중간에 통역하는 사람이 꼭 필요하다.

같은 단어일지라도 의뢰자가 전달하고자 하는 속내의 의미가 다를 수 있다. 통역자는 이를 정확히 파악하고 판단하여 양쪽의 대화 흐름이 깨어지거나 의외의 결과가 나오지 않도록 통역의 정확도에 신경을 많이 써야 한다. 의뢰자가 단어 선택을 잘못하는 경우도 있다. 이럴 때 통역자에게는 의뢰자가 단어 선택을 잘못했음을 감지할 수 있는 능력도 필요하게 된다.

통역자가 분위기에 따라 또는 자기 경험을 자신하여 의뢰자의 생각을 자기 마음대로 통역할 수도 있을 것이다. 컴퓨터 나라 일꾼들은 통역자의 오버를 판단할 능력이 없다. 컴퓨터 일꾼은 충실하되 자기 생각이 없다. 주인이 하라는 일만 한다. 자기 스스로 알아서 하는 일도 없다.

사람이 컴퓨터에게 작업을 지시하려고 할 때, 당사자가 일꾼나라의 언어와 문화에 해박하면 직접 지시하고 결과를 받을 수 있지만, 그렇지 못할 때에는 통역자가 필요하게 된다. 프로그래머가 바로 컴퓨터 나라와의 대화에서 중간 역할을 하는 통역자이다.

개발자는 컴퓨터와 사람이 대화하고자 할 때 통역자 역할에 충실해야 한다. 그러므로 개발자는 지시자의 지시 의도를 정확히 알아야 하고 컴퓨터의 능력을 정확히 꿰뚫고 있어야 한다. 이것이 바로 유능한 통역자이며 개발자이다.

유능한 통역자가 되기 위하여 우선되어야 하는 것이 분석 능력을 키우기 위한 공부와 경험이며, 상대방(의뢰자와 컴퓨터)의 특성을 빠르게 파악할 수 있는 훈련과 평소의 관심이 중요하며 필수적이다. 당연히 통역자는 해당 언어를 잘 아는 것이 우선일 것이다. 하지만 번역을 잘못하여 돌이킬 수 없는 화를 당하는 것보다, 지시자의 의도를 정확히 꿰뚫는 것이 중요하다는 얘기이다.

말이 서투르면 가장 쉬운 단어로 여러 줄 쓰는 한이 있더라도 이편이 더욱 안정적이고 사용자에게 신뢰를 줄 수 있다. 고급스러운 단어로 일필휘지하면 화려하고 능력 있어 보일지 모르지만 겉만 삐지르르한 알맹이 없는 쓰레기 취급을 받게 된다.

한국 소프트웨어 전문가도 기술서적을 읽고 이해하는 데 수월하지 않음을 자주 느낀다. 또한 새로운 용어가 나오면 단어의 의미를 찾는 데 시간이 많이 걸린다. 하물며 이제 막 시작하는 초심자들은 어떻게 난관을 극복할지 난감할 것이 뻔하다. 때문에 책을 접하는 친구들도 때로는 몇 가지 용어를 이해하지 못해 진도가 나가지 못하고 중간에 포기하게 된다. 컴퓨터 발전과 더불어 생성되는 신조어들은 용어를 생산하는 나라의 문화와 생산자의 의도를 알아야 하는데 그것이 쉽지 않기 때문이며, 영어 문화권이 아니어서 번역자의 노고도 꽤 있을 것이다.

'클라우드(Cloud)', '레거시(Legacy)' 등 그리고 나날이 새롭게 생성되는 용어들을 초심자들이 이해하기 쉽게 순수 우리말로 번역할 단어는 없는 것인가?

예를 들어 레거시(Legacy)라는 용어를 보자. 레가시라 불러야 되는지 레거시라 불러야 되는지부터 흔들린다. 레거시의 의미를 한마디로 번역하기 어려우므로 그냥 레거시라 번역하고 부른다. 레거시 시스템을 '지나간, 어제의 혹은 과거의 시스템'으로 번역하거나, 레거시 데이터를 '기존의 또는 원래의 데이터'로 번역하면 읽고 듣는 사람은 이해가 빠를 텐데 글이나 말의 길이가 길어져서 그런 것인가?

누군가 국어학자와 협력하여 IT 용어를 시대에 맞는 순우리말로 만들어 보는 것도 역사적인 사업이 될 것이라 생각된다.

지시사항을 판단하는 능력

컴퓨터는 인간을 주인으로 모시고 산다. 훌륭한 주인은 어떤 사람일까?

일꾼의 능력 범위를 잘 알아야 하고 잘 해낼 수 있는 일을 맡겨야 할 것이다. 능력이 안 되거나 할 줄 모르는 일을 맡겨놓고 빠른 결과를 다그친다면 결과는 어떻게 될지 자명하다. 조직의 인사관리도 이를 참고해야 한다.

그런데 일꾼과 컴퓨터는 이해해야 할 분명한 능력의 차이가 있다. 일꾼은 할 수 없는 능력을 키워주기 어렵다. 그러나 컴퓨터는 언제나 능력을 키워줄 수 있고, 수용 능력이 탁월하다. 능력이란 즉 프로그램이다. 좋은 프로그램만 심어주면 못하던 일도 훌륭하게 처리해낸다. 어떤 측면에서는 일꾼보다 훌륭하다.

IT 전문가는 개발할 때 나의 컴퓨터 능력을 꿰뚫고 있으며, 나아가 CPU(머리)가 어디서 무엇을 하고 있는지, 다음에 무엇을 할 것인지, 일 처리에 얼마나 걸릴지, 어디에서 문제가 생겼는지를 정확히 알고 일을 맡기며 문제에 대처해야 한다.

인간사에서 주인과 종의 역할과 관계를 잘 알고, 무엇보다도 머슴의 능력 범위, 하고 있는 일, 미래에 할 일을 훤히 보고 있다면 이가 즉, 득도(道)가 아니겠는가?

개발 중에 어려움을 겪거나, 뜻대로 안 된다며 컴퓨터를 탓하는 개발자를 보면서 이유를 알고 싶었으나 속 깊은 개발자를 만나기 어려워 한동안 방황했는데, 이제 대강 그 이유를 알게 되었다. 이유는 중간 지시자(패키지 혹은 모듈)를 둔다는 것이다. 즉, 개발자(주인)가 일을 중간자에게 지시한다. 중간 지시자는 주인의 생각에 관계없이 CPU(머슴)에게 일을 맡긴다. 결과는 잘 나올 수도 있지만 그렇지 않을 수도 있다. 문제가 생기면 어디에서 꼬이고 있는지 모를 때도 많고 더불어 프로젝트의 공정이 빗나가게 될 소지가 크다.

개발자에게 물어본 적이 있다.

"중간자에게 일을 던지면 답답하지 않습니까? 머슴이 무슨 일을 하고 있는지 궁금하지 않나요?"

개발자는 오히려 질문을 한 나를 한심해 하였다.

"왜 궁금해 합니까? 일을 던지고 나면 얼마나 편합니까. 컴퓨터가 다 알아서 해주고 개발기간을 그만큼 단축시킬 수 있으니 일거양득 아닙니까?"

대화가 되지 않아 이야기를 더 이어갈 수 없었다.

하나는 알고 둘은 모르는 얘기이다. 중간자가 지시를 잘못 내리면 기간 단축은커녕 문제 파악에 시간이 더 걸릴 수도 있고, 개발에는 성공했을지 몰라도 사용자가 쓸 때 뜻하지 않은 오류로 고생시키는 결과도 있기 때문이다.

일꾼을 가장 잘 부리는 쉬운 방법을 생각해보았다.

- 업무 분석이 복잡하거나 난수표 풀 듯 해서는 안 된다.
- 컴퓨터는 자료의 입력과 출력만 생각하면 된다. 입출력 사이에 사용자의 필요에 의한 연산 혹은 변형이 있을 뿐이다. 예를 들면 매우 대중화되어 있는 모바일 앱 프로그램을 보자. 검색이 필요할 때 입력(검색어)하면 바로 출력(검색 내용)해 준다. 간단한 입력에 많은 내용이 출력된다. 기업 프로그램도 같다고 보면 된다. 중간에 필요한 작은 가감이 있을 뿐이다.
- 개발자가 설계를 복잡하게 하면 개발도 복잡해진다. 일꾼도 일하다 지치게 된다. 프로그램은 목적에 맞게 간단해야 하고, 일꾼이 쉽게 이해할 수 있도록 로직이 간단해야 한다. 그림을 그릴 때 덧칠을 하면 안 되듯이 멋있게 만들려고 하면 안 된다. 사용자가 초등학생이라는 생각으로 분석해야 하고, 설계해야 한다. 순수성을 잃지 말아야 하는 것도 참고사항이다.
- 업무처리의 순서가 중요하다. 일하는 일꾼이 쓸데없이 왔다 갔다 하게 해서는 안 된다. 기업의 통합시스템처럼 매우 복잡할 때 업무 단위별 혹은 그 이하 단위로 쪼개어 분석하고, 분석된 단위별 연관성이 있는지를 재분석하여 통합할 수 있는 모듈은 통합

하는 방식으로 Bottom up이 좋은 방법이다.

나는 컴퓨터에 대한 깨우침을 조금 더 얻기 위해 텔레비전 드라마 중에서 사극을 훨씬 즐겨본다. 주인과 종(머슴)의 관계에서 얻어야 될 경험과, 또 다른 무언가 있을지 모른다는 호기심 때문일 것이다. 주인의 입장에서 하인을 다루는 옛 관습에서 새로운 컴퓨터의 필요성을 탐지하려는지도 모른다.

어떤 때에는 현재와 비교하여 복종하는 인성이 필요할 수 있다는 생각에 희망적인 부분도 있지만 절망의 두려움을 느낄 때도 종종 있다. 우리가 누리고 있는 민주주의의 진실이 왜곡되어 있다는 것을 항상 느끼기 때문이기도 하다. 컴퓨터 입장에서 보는 민주주의는 내가 지시해야만 하고, 손해 보면 안 되고, 내가 모든 것을 누려야 하는 것이 아니다. 나 이외의 사람(컴퓨터)들의 인격을 존중해야 하고, 남에게 조그만 피해라도 가지 않도록 배려해 주는 것이 진정한 민주주의이다.

소프트웨어의 한계-하드웨어에의 관심

나는 나름대로 눈으로 볼 수 있는 것은 하드웨어, 보이지 않는 것은 소프트웨어로 정의해두었다.

소프트웨어 엔지니어들은 하드웨어에 무관심하거나, 발생하는 문제의 책임을 하드웨어에 떠넘기기도 한다. 하드웨어를 등한시하는 경우도 많다. 이는 일을 하는 일꾼의 머리만 알고 체력이나 수행 능력을 모르고 일을 시키는 것이나 마찬가지이다. 건축 기술자가 건축을 함에 있어 철재기둥을 써야 할 곳에 목재를 쓴다면 어떻게 될까? 그가 그렇게 하지 않는 것은 철재와 목재의 소재 특성을 알고 있다는 말이다.

예전에는 프로그램 코딩 후 컴파일을 하는데 컴파일 에러가 나면 컴퓨터 버그라고 우기던 시절도 있었다. 프로그래머가 하드웨어를 잘 알 필요가 있는 이유가 여기에 있다. 하드웨어를 잘 알면 한 모듈을 처리하는 시간 계산도 가능하고, 데이터 양 계산과, 디스크의 규모 산정도 가능해진다.

컴퓨터가 크다고 다 좋은 것이 아니다. 낭비이고 과투자일 수 있다. 컴퓨터를 일꾼과 비교해 보자. 머리 회전(소프트웨어)이 조금 떨어지는 일꾼에게는 지시를 초등학교 수준으로(개발) 지시해야 할 것이다. 체력이 달리는 일꾼에게는 체력의 한계만큼의 일을 주어야 생산력이 좋아진다. 지시사항이 많거나 복잡한 업무라면 일꾼을 찾을 때 머리와 체력이 좋은 사람을 찾아야 할 것이다. 하드웨어를 잘 알면 일꾼이 지금 어떤 일을 하고 있으며, 잘 수행하고 있는지, 일이 끝나면 다음은 무슨 일을 하게 될 것인지 알게 된다.

하드웨어를 잘 알 필요가 있다는 것은 지금은 거의 찾아볼 수 없지만 리얼 메모리 컴퓨터(Real Memory Computer)가 왜 없어질 수밖에 없었는지, 가상기억장치(Virtual Memory)가 어떻게 탄생되게 되었는지, 그 장점은 무엇인지 알게 되고 분석과 개발에도 참고가 된다.

가상기억장치를 알게 되면, Page-in/out의 이유, 캐시 메모리(Cash Memory) 필요, 해싱(Hashing) 등도 알게 된다. 또 터미널 호스트(Terminal-Host)로 표현되던 시스템 구성이 클라이언트 서버(Client-Server)로 표현될 수밖에 없는 사유도 알게 되고, 이는 터미널이 지능적이어도 터미널의 한계가 있기 때문임도 자연히 알게 된다. C와 UNIX 탄생의 필연성도 자연스럽게 알게 된다.

이런 하드웨어 아키텍처의 지식은 시스템의 프로그램을 간소화 및 단순화시키는 데 큰 도움이 될 것이다.

직간접경험의 중요성
―읽기, 듣기, 메모하기의 생활화

전문가는 우선적으로 기술에 대한 경쟁력이 있어야 한다. 최고의 해법은 삶의 체험을 통하여 지혜를 얻는 것이다. 그리고 두 번째 해법이라면 읽기와 듣기를 즐기고 메모를 생활화하는 것이다.

무엇이든 잘 하려면 모방(본 것, 들은 것, 읽은 것, 경험)으로부터 시작해야 한다. 그러나 모방으로 끝나면 지속적인 발전이 불가능하다. 자기 것으로 만들어야 한다.

서예를 예로 든다면 처음에는 스승에게 체본을 받고 따라 쓰지만, 자기 서체를 창조하지 못한다면 이는 스승을 따라 그리는 수준으로 전락하고 더는 진보하지 못한다. 다른 경우도 마찬가지일 것이다. 운동의 경우도 기본 원리를 아는 것이 중요하고, 원리 파악이 되면 자기 체형을 만들거나 다른 여러 방면으로 응용할 수 있어야 한다.

무엇이든 원리에 충실해야 한다. 여기에서 원리와 이유를 설명하고 여러분들이 이해하게 되면 여러 방면으로 실험하고 응용할 수 있을 것이다.

중학교 때 체육선생님의 말씀 한 마디가 기억이 생생하다.

"달리기를 잘하려면 어떻게 할까? 상체를 내밀어 앞으로 넘어지려고 하라. 넘어지지 않으려면 한 발을 앞으로 내밀어야 할 것이다."

원리는 한마디로 충분히 이해할 수 있다. 이론으로는 정통한데 분석 능력과 응용력이 떨어지면 좋은 결과를 얻기 힘들다.

앞에서 여러 사례를 들었기 때문에 부언할 필요도 없이 직간접경험의 중요함을 알 것이다. 번뜩이는 아이디어도 사소함에서 더 많이 얻어진다. 해당 업무와 무관한 잡담이라도 놓치지 말고 경청해보라. 열 개의 잡담 속에서 한 개의 유관 업무를 찾는다면 성공의 깃발이 좀 더 가까이 다가온다. 잡담에서 얻은 하나가 핵심이었다면 개발에서 겪게 되는 치명적 오류를 사전에 예방할 운명과 같은 기회를 얻을지 모를 일이기 때문이다.

도사도 자신의 미래를 잘 모른다. 바둑에서 훈수라는 것이 있다. 자기 것은 잘 안 보이는데 남의 것은 눈에 잘 들어온다. 자만이나 자존심이 강하면 남의 조언이 귀에 잘 들어오지 않는데 가끔은 남의 얘기에 귀를 기울일 필요가 있다는 것이다.

더불어 항상 메모하기를 생활화하라고 강력히 조언하는 바이다.

또 하나 짚고 넘어갈 것은 어느 정도 알게 된 후 '이 정도면 최고 아닐까?' 라는 자만과 안심을 버려야 하고, 항상 모자란다고 생각하여 더욱 진보하는 데 골몰하여야 한다는 것이다.

만일 이 책을 읽는 분에게 자녀가 있다면 단 일 년만이라도 암산 공부를 시키기를 권한다.

성공적 분석 능력의 사례

분석을 잘하면 3일에 개발을 끝낼 수 있다. 전에 개발했던 소프트웨어는 개발 후 단 한 차례의 유지·보수 없이 5년간 사용하였고, 확대·개발되었다. 인천시 대기환경오염측정 및 감시시스템 개발이었는데 예산 부족으로 아무도 개발하려 하지 않는다는 것이었다.

인천시 송림동을 비롯한 4곳에 대기오염 측정장치를 설치하고 측정장치로부터 데이터를 5초 단위로 받아들여 감시하고 분석하는 시스템이었다. 국내 최초로 개발되는 것이어서 위험요소가 많았다. 그러나 무에서 유를 창조하는 데 일가견이 있던 나에게는 문제될 게 없었다. 계약을 하고 과장을 PM으로 하고 대리 한 사람과 신입 한 사람으로 개발팀을 만들었다.

내 경험으로는 3개월이면 충분한 기간이었지만, 계약기간은 6개월로 하였다. 직원들 교육을 겸하여 완벽한 개발에 충분한 시간일 것이라는 계산이었다. 직원들도 사장님은 이제 개발에서 손을 떼고,

경영과 영업에 치중하라는 의견을 내어 이를 수용하는 차원에서 3명을 투입하였다.

마침 강원도청의 굴뚝오염 측정 및 감시시스템 개발용역 입찰이 있었다. 강원도청 개발은 강원도 내 6개 시멘트회사와 2개의 화력발전소의 굴뚝에 대기오염 측정장치를 설치하고 인천시청과 같이 분진의 오염여부를 측정 및 상시 감시하는 시스템으로, 이는 지역 주민의 지역 오염에 대한 민원과 관련된 문제라 정확성이 요구되었다. 도에서 수작업으로 주기적으로 검사 및 측정을 하여 벌금을 물리거나 징계하기도 했지만, 공장이나 발전소에서 측정 주기가 되면 가동을 중지하거나 다른 방법으로 오염도를 피해갔기 때문에 공무원의 노력에 비하여 실적은 미미한 상태였다. 또한 먼지 때문에 빨래도 제대로 널지 못한다는 지역 주민들의 오염에 대한 항의가 빗발치고 있었다.

인천시청 개발이 완료되면 부분 수정으로 강원도청 개발이 마무리될 수 있기 때문에 우리에게 매우 좋은 기회였다. 입찰은 성공적이었다. 일단은 인천시청의 개발을 완벽하게 수행하는 것이 우선이었다.

매주 인천시청 개발 진행 사항을 보고받았고 완료 10여 일을 남기고 시스템 설치를 위해 직원들을 파견하였다. 그런데 3일이 지나도 어떻게 돌아가는지 보고가 없어 물었더니 통신 개통이 안 되어 추가 진행을 못하고 있다고 하였다. 다음 날 현장에 나가 한 곳의 통신을 개통시키고, 개통 방법을 알려주고 돌아왔다. 그 다음 날 4곳의 통신이 모두 개통되었다는 보고를 받았다.

계약 완료 3일 전 퇴근 무렵, 개발자 3명이 돌아왔다. 얼굴 표정이 매우 굳어있어 순간 가슴이 철렁했다. 사보타주일 확률이 매우 높다는 판단이 들었다. 완료가 3일밖에 남지 않았는데 못하겠다고 하면 어쩔 것인가?

벌렁대는 가슴을 진정시키고 자초지종을 들었다. PM인 과장의 얘기는 개발된 게 아무것도 없다는 것이다.

"아니, 그럼 6개월 동안 무엇을 했다는 말이며, 매주 개발 회의에서 진도 이야기를 했는데 95% 개발 완료되었다는 보고는 허위보고였다는 말이냐?"

3명 모두는 아무 말도 못하고 고개만 숙이고 있었다. 우선 사보타주가 아니라는 데 좀 안심이 되었다.

이 상황을 어떻게 해결해야 할 것인가? 곰곰이 생각한 뒤 직접 개발이라는 묘안이 떠올렸다.

"과장은 오늘부로 개발에서 빠지고, 나머지 두 사람은 아무 생각하지 말고 푹 쉬어. 그리고 내일 9시까지 인천시청으로 출근해."

그들로부터 출근하겠다는 대답을 듣고 퇴근하였다. 다음 날 인천시청으로 출근하여 두 직원에게 지시하였다.

"지금부터 내가 하라는 대로 하고 혹시나 잘못 지시되었거나, 아니라고 할지라도 항의하지 말고 시키는 대로만 개발해."

그들도 6개월 동안 이것저것 연습용 개발을 많이 했을 것이다. 다만 프로젝트 전체에 대한 설계가 부족했기 때문에 결과가 나오지 못한 것일 터였다.

단위 모듈별로 개발을 하는 것은 시간이 많이 걸리지 않았다.

10~20분 정도면 뚝딱 해치울 수 있었다. 3번째 모듈 개발을 지시하자 아니나 다를까 '이렇게 하시면 안 될 텐데요' 한다.

"내 그런 얘기 나올 줄 알았어. 내가 시키는 대로 하라 했지? 잔말 말고 하라는 대로 해 봐."

나에게 항의한 직원은 대꾸하지 못하고 금방 개발을 끝냈다.

"지금까지 모듈들을 이렇게 저렇게 통합해 봐."

모듈들이 통합되자 데이터 수신이 되면서 화면에 측정 데이터가 제대로 뜨기 시작하였다.

그제야 직원들은 뭔가를 이해한 것 같았다.

"아니 왜 진작 말해주지 않았습니까? 그랬으면 한 달도 안 걸릴 일이었는데……."

"프로젝트 시작 무렵에 하다가 잘 모르는 게 있으면 언제든 와서 상의하라고 했지? 나이 들어 머리가 많이 굳었지만 그래도 3명 머리보다 4명 머리가 나을 수 있으니까. 그런데 너희는 '사장님은 이제부터 개발에 손 떼십시오. 우리가 알아서 다 하겠습니다.' 했고, 단 한 번도 내게 와서 물어본 적이 없었어."

개발은 만만히 봐서도 안 되지만 개발 방법론을 모르면 그 개발은 언젠가는 실패로 귀결된다. '개발 인원이 많다고 성공하는 게 아니다' 는 것이 나의 경험이다. 개발방법론이 적정하면 적은 인원으로도 짧은 기간 내에 충분히 개발 가능하다는 것이 나의 변하지 않는 지론이다.

이틀 만에 개발이 끝났다. 문제는 개발완료 보고서 작성과 사용자들에게 교육하는 것이었다. 완료 보고서를 만드는 데 적어도 10여

일 이상 걸린다.

나는 화면을 사진으로 찍는 방법으로 보고서 작성 시간을 단축하고 담당자를 설득하여 교육은 개발기간에 포함시키지 않는 것으로 하여 프로젝트를 문제없이 마무리 지을 수 있었다. 데이터는 아무 문제없이 잘 수신되었고 화면에 표시되는 것에도 문제가 없었다. 그러나 3일 만에 급조된 시스템이라 얼마나 조악했겠는가? 짧은 시간에 개발을 완료했다는 것은 절대로 자랑할 일이 아니다. 본 사례는 분석을 잘하면 절대공기[10]를 단축시킬 수 있다는 예로 들었을 뿐이다.

이는 한 달 후 강원도청 유사 프로젝트가 끝나고 인천시청 프로그램을 완벽히 수정하여 5년을 사용하였다. 내가 개발했을 때 3,000만 원 프로젝트였는데, 5년 후 11억 원의 예산으로 확대 개발을 하였는데 당시 나는 폐업을 한 상태라 입찰에 참가하지 못하고 모 회사에서 개발을 하였다. 모 회사의 확대 개발은 6명 투입되었음에도 6개월 연체되었다는 얘기를 들었다.

거짓말 같다고 느끼겠지만 나의 경우 3일 만에 개발이 가능했던 것은 개발에 참여하지는 않았지만 6개월 동안 지속적으로 그림을 그리고 있었던 결과이다.

차이는 무엇이었을까? 문제는 바로 업무 분석과 특성 파악의 능력 차이라고 본다.

---

10) 착공에서 준공까지 변할 수 없는 작업 기간

06

특성 파악의 개요와 중요성

　분석이 업무 내용을 파악하는 능력이라면 특성 파악이란 사용자의 특성 혹은 업무의 특성을 파악하는 능력을 말한다. 분석과 특성 파악이 잘되면 예측 능력이 생긴다.

　예측의 필요성은 사용자 요구에서 빠진 부분을 찾아낸다거나, 지금은 필요한데 조만간 불필요해질 것 같은 업무, 차라리 수작업이 편리할 것 같은 업무의 추출 등의 예측이 가능하다는 것이다.

　나는 심리학자도 아니고 정신분석학을 전공하지도 않았다. 오로지 필요에 의한 여러 경험과 실험으로 예측 능력을 얻었다.

　경험의 중요성을 다시 한 번 언급한다면, 문제가 발생했을 때 이론에 해박한 사람은 형이상학적으로 해법이 두루뭉술하다. 특성 파악 능력자는 거두절미하고 해결 방법을 콕 집어내는 능력이 있다.

사용자 특성

　최종 사용자가 누구인지 알아야 한다. 그리 많지는 않지만 전산실 직원이 주로 사용하는 시스템인지, 아니면 업무를 잘 아는 사무실 직원이 주로 사용하는지, 단순 업무를 처리하는 현장 직원이 사용하는 프로그램인지, 또는 회사와 무관한 고객이 사용할 것인지에 따라 분석과 특성 파악이 달라져야 된다.

　또는, 패키지와 같이 고급 기술자나 전문가가 사용하는 프로그램도 있을 것이다. 이때에도 사용자의 특성 파악이 필요하며 특성 파악이 되면 개발 시 사용자 편리성을 자연스럽게 고려하게 된다.

　예를 든다면 주로 업무와 무관한 일반 고객이 사용하는 프로그램이라면 업무 분석이 쉽지 않다. 이럴 때는 일상의 상식과 생활 경험을 기준으로 분석하되 개발은 초등학생이 사용한다는 수준으로 개발하는 것이 정답이다.

업무 특성

세상에 너무 많은 업무가 있고, 업무마다 다양성과 특성이 있다.

모든 업무에 대하여 여기에서 특성 파악을 한다는 것은 무리이기에 요즘 업계에 많이 회자되고 있는 ERP를 예로 들고자 한다.

예전 기업체의 사무관리용 시스템은 주로 MIS라고 했고, 개발도 MIS 구축이었다. 하지만 언제부터인가 MIS라는 단어는 사라지고 그 자리를 ERP가 차지해버렸다. MIS는 대부분 알다시피 회사의 인사, 회계, 급여, 자재, 재고 등 사무와 관련된 업무를 전산화한 것을 통칭하였다.

우선 ERP가 어떤 용도인지를 알아야 한다. ERP는 전사적 자원관리라는 패키지 혹은 개발업무로서 MIS, 생산관리(Resource Analysis), 공정관리를 통합시켜 놓은 것이다. 어떤 때는 단순 MIS 시스템을 ERP라 부르고 있기도 한다. 내가 알기로 ERP는 수십억에서 수백억 원의 도입 비용이 필요하다.

업무 특성이 제조업·유통업처럼 자원이 있고, 자재 투입, 생산, 납품, 재고 등의 요소마다 투입 일정과 투입량, 재고 수준, 납기의 관리 등 공정관리가 필수적인 회사나 업무라면 당연히 거액을 투자해서라도 ERP를 구축해야 할 것이다. 하지만 서비스업처럼 주요 관리 자원이 인적요소라면 굳이 ERP를 도입할 필요가 없다. 또한, 업무의 특성에 따라 I/O 업무(데이터의 입출력 위주)가 주인지, CPU 업무(시뮬레이션 같은 CPU를 더 많이 쓰는 업무)인지에 따라서 컴퓨터 종류의 선택이나 구성이 달라져야 한다.

어떤 시스템은 생산되는 데이터가 없거나(Simulator) 또는 많지 않거나, 어떤 시스템은 입력되는 데이터나 생산되는 정보가 매우 많은 시스템으로 구분된다.

업무 특성 파악은 시스템 도입 규모나 부속의 필요성을 정할 때 참고되어야 할 필수 파악 요소이다.

원인(특성) 파악의 중요성

문제에는 항상 짚고 넘어가야 할 원인이 있다. 대다수의 사람들은 원인을 찾아내려 하지 않고 임시방편의 쉬운 방법으로 문제를 해결하려 한다. 이를 우리는 임시 땜빵이라 부른다.

도(道)를 깨우치면 앞을 볼 수 있듯이, 모든 병은 원인을 알면 고칠 수 있다. 나도 그렇게 믿고 있는 사람이다. 병뿐만 아니라 모든 일에 통용되는 진리이다.

도(道)와 원인이 무슨 상관이냐 하고 생각할 것이다. 깨우침의 필요성은 분석에서 앞을 예측해야 할 이유로 정보 수집(직간접경험)을 많이 하라는 의미이고, 문제가 생기거나 처리해야 할 일이 생겼을 때에는 원인과 필요성을 찾고 분석을 잘해야 문제를 완벽히 해결할 수 있다는 의미이다(사업의 필요성, 사업성 분석, 문제해결, 개발 프로젝트의 분석 등).

의사들은 주로 환자들에게 '○○병입니다. 이렇게 수술하고, 치료하면 고칠 수 있습니다.' 라고 결과만을 말한다. 하지만 나는 의사들이 '○○병입니다. 이 병의 발병 원인은 이렇게 시작되었습니다. 그러므로 이렇게 해야 고칠 수 있습니다.' 라고 말해야 한다고 생각하는 사람이다.

원인을 안다는 것은 해결해야 할 문제 속에 깊숙이 숨어있는 근간 즉, 뿌리를 찾아내야 한다는 것이다. 눈앞에 보이는 원인 또는 일시적으로 해결할 수 있는 원인은 올바른 원인 파악이라 할 수 없다.

실제로 유사 사례를 알고 있거나 들은 사람도 많을 것이다. 내가 아는 사례는 이렇다.

–에피소드 1: 진단 오류 사례

내가 아는 한 공무원 아들은 초등학교 때부터 쉽게 피곤을 느껴 조퇴를 밥 먹듯 했다. 인근 대형병원에서 진찰을 받고 고등학교 졸업 때까지 정기검사와 주기적 투약으로 살았는데 나아지는 기미는 보이지 않았다.

그 이야기를 들었을 때 나는 무엇보다 아이의 사회생활을 걱정했다. 대학도 가야 하지만, 남자아이로 군에도 가야 할 텐데 현재 상태로 군 입대가 어려울 것 같아 안타까웠다.

1년쯤 지난 후 다시 만나 아이의 현재 상태를 물어보았다. 아이 아빠는 담담하게 웃으며 말해주었다. 아이는 정상적으로 대학에 입학하였고, 군에 입대하여 현재 군 복무 중이라 한다.

치료 불가능해 보였던 아이의 몸에 과연 어떤 일이 있었을까?

아이의 부모는 10년 이상 아이를 돌봐준 주치의의 말을 믿고 병

완치에 대해 포기한 상태였다. 그런데 병역 면제 서류 작성 차 서울 모 종합병원에서 진단을 받게 되었는데 진단 착오로 판명되었고, 아이는 투약 한 달 만에 완쾌되어 군에 입대하였다고 했다.

–에피소드 2: 치료 우선 사례

나의 경우에도 비슷한 사례가 있다.

어깨가 아프기 시작하여 1년 반 동안 낫지 않았다. 오십견은 아니었다. 예전에 양손을 등 뒤에서 맞잡을 정도였는데 왼팔이 등허리까지밖에 올라가지 않았다. 결국 인근 종합병원에서 특진료를 내고 검사를 받았다. 엑스레이 사진을 보던 담당의사는 다른 설명도 없이 '내일 식사하지 말고 나오세요. MRI 찍고, 수술 들어갑니다.' 라고 했다.

병원을 나와 재활의학을 전공한 친구에게 전화를 걸었다. 친구는 전화기 스피커가 터질 듯 웃어대며 '수술은 무슨! 잘 먹고 많이 움직여 임마!' 하고 끊어버렸다.

다음 날 병원에 가지 않았던 것은 물론이었다. 어려서부터 몸에 칼을 대지 않겠다고 결심했던 마음도 한몫했다. 그러나 어깨는 낫지 않았다.

몇 개월 후 정기적인 운동을 해야겠다는 생각 끝에 운동량이 심하지 않은 국선도에 입문하였다. 국선도는 요가와 비슷하지만 요가보다는 약한 스트레칭이 주였다. 2개월 지났을 때 몸에 변화가 생겼다. 갑자기 왼팔에 힘이 들어간다는 느낌을 받아 양팔을 등 뒤로 잡아보았는데 잘 되는 것이었다. 어깨가 아픈 것도 말끔히 나았다. 몇 년이 지난 지금까지도 아무 이상 없다.

비슷한 무렵 손주 둘을 맡아 키우던 할머니가 된 친구를 만났는데 어깨가 고장 나서 움직여지지 않는다고 했다. 병원에 갔더니 수술해야 한다는 진단이 나왔다며 두려워했다. 나의 예를 들려주며 수술은 하지 말라고 권유했다. 그녀는 의사의 검진대로 수술을 했고, 그 후 3번이나 같은 부위를 재수술했다. 전에는 술도 곧잘 했는데 술도 끊었다고 했다.

3년쯤 지나 다시 만났는데 많이 좋아졌다면서 맥주 한두 병 정도는 마시게 되었다 했다. 다른 병원의 의사를 만났는데 수술이 아닌 제대로 된 물리치료 덕분에 일주일 멀다 하고 다녔던 병원 문턱을 지금은 3개월에 한 번쯤 검사나 할 정도로 다닌다고 했다.

수술한 것이 잘못되었다는 것은 아니다. 진단 결과 수술 외에 고칠 방법이 없었다면 수술할 수밖에 없다. 그러나 발병 원인을 좀 더 적극적으로 찾아 수술하기 전에 물리치료로 완치할 수는 없었을까 하는 아쉬움이 있다는 말이다.

−에피소드 3: 세월호 사건의 원인 분석

원인은 무엇일까? 물론 배의 안전을 무시하고 배의 구조를 변경한 것이 문제일 것이다. 사업하는 사람들은 생산성, 수익성을 위해서라면 무슨 일도 마다하지 않는다.

근본적인 해법은 무엇일까? 법을 지키지 않으면, 신용사회가 되지 않으면 준엄한 엄벌이 있음을 모두가 알아야 한다는 것을 세뇌교육처럼 주기적으로 해야 한다.

언제부턴가 민주화라는 명목으로 규칙도 예의범절도 무너지고 말았다. 국민교육헌장 외우기도 사라졌고, 애국가나 국기에 대한 경외심도 없어졌다. 자라는 아이들에게 애국심이 잘 배어있는지 의심된다. 아이들이 선생님 알기를 담 넘어 강아지 보듯 하는 시대가 되었으니 말이다.

-에피소드 4: 윤 일병 사건 원인 분석

윤 일병 사건의 원인은 무엇일까? 사병들이 문제를 일으킨 초대형 사건이지만 숨어있는 원인은 직속상관의 지도력 및 인성의 부족에 기인한다.

그렇다면 해결책은 무엇일까? 말단 지휘관인 소대장부터 군에 합당한 지도력과 인성에 대한 교육을 받고 정신무장이 우선되어야 한다. 지도력(Leadership)은 계급에 비례하는 권위의식만 가지고 통솔되는 게 아님을 알아야 한다. 일시적인 방법으로 책임자를 처벌하고, 최고위 책임자가 옷을 벗는 것으로 해결이 된다고 보지 않는다. 근본적인 해법을 알아야 해결된다.

중위 시절 공군에서는 초급 지휘관들을 단체로 소집하여 일주일 간 '필승교육' 이라는 정신교육을 받은 적이 있다. 입소 첫날에는 피교육자의 피곤함으로 어떻게 7일이라는 시간을 때울 것인지에 모두들 골몰하였다. 교육 내용은 고리타분하게도 '불의를 외면하지 마라', '쓰레기 하나 줍는 것 자체가 애국 애족이다', '절약 정신', '지휘관의 애국심 고취', '리더의 중요성' 대략 이러한 주제들이었다. 하지만 둘째 날부터 모든 초급 지휘관들의 태도가 사뭇 달라졌고, 마지막 날 교육에 대한 소감문을 쓰는데 모두들 눈물을 흘리는 광경을 보았다. 물론 나도 울면서 다짐하였다. '애국하리라. 작은 일부터 솔선수범하리라. 불의에 대항하는 선구자가 되리라.'

다음에 강릉비행장에서 근무할 때 비슷한 사례(사병과 하사관 간의 문제)가 있어 써 놓았으니 참고로 다시 읽어보기 바란다.

요사이 발표된 개선책을 들으면서 땜질 처리가 아닌지 의구심을 감출 수 없다. 군은 군기가 필요한, 명령에 절대 복종해야 하는 특수 조직이다. 영(領)이 서지 않으면 전투에서 소대장이 '돌격!' 했을 때 '너 먼저……' 하는 사태가 벌어지지 않는다는 보장이 있겠는가?

사병들의 안위와 편안에 관심을 갖는 것은 매우 중요하지만 해법을 초급 리더로부터 찾아야지 상위 지휘관에게 책임을 묻거나, 사병 처우를 우선한다는 발상은 조직 특성을 파악하지 못한 졸속 처방이다.

−에피소드 5: 사병과 하사관 간의 문제

교육사령부에서 후보생들의 임관식이 끝나고 강릉비행장으로 부임되어 레이더 관제반장 소임을 맡았다. 대대장님이 어느 날 장교회의에서 느닷없이 나에게 행정계장을 하라고 명하셨다. 행정계장은 대대장 임명으로 되는 게 아니고 본부의 인사명령으로 정해지는 것인데 나의 주특기로는 행정계장을 할 수 없고 대대장 명령을 거부할 수도 없어 곤란스러웠다. 결국 대대장님의 고집을 꺾을 수 없어 할 수 없이 행정계장 업무를 맡게 되었다.

취임식도 하였는데 그때 대대원들에게 두 가지를 선언하였다.

하나는 영내자와 영외자들 간의 형제 맺기였다. 공군은 타군에 비하여 외출·외박이 좀 더 자유로운 편이라 영내자(사병)가 밖으로 외출·외박·휴가를 나갈 기회가 그런대로 많은 편이었다. 그러나 부대 가까이에 집이 있는 사람들은 괜찮지만 멀리 있는 사병들은 차비가 없어 못 가는 사람, 멀어서 못 가는 사람들이 있다는 데 착안하여 형 되는 영외자들이 관리해주도록 하고 만일 사병에게 문제가 생기면 형에게 연대책임을 묻겠다고 지시·선언하였다.

다른 하나는 고참병들과 신참하사들 간의 위계질서 확립을 위하여 사병들은 무조건 하사에게 인사와 존댓말을 쓰고 지시에 절대복종하라고 지시하였다. 사무실에는 어쩔 수 없었지만 내무반에서는 나이에 의한 다툼이 많다는 걸 알았기 때문이었다. 사병 고참 중에는 '잘 안될걸요' 하며 비웃는 듯한 사람도 있었다. 당시 신참하사들 중에 공군기술학교 출신자는 19살이었고 고참 병장들은 24살 이상 되는 사병들도 있어 때에 따라서는 그럴 수 있겠구나 했다.

내무반에서 일어나는 일들은 관심을 갖지 않으면 장교들은 잘 모른다고 봐야 될 것이다. 상황파악(원인)이 되었다면 해결책은 반드시 있는 법이다.

군은 위계질서를 중요시하고, 명령에 절대 복종한다는 절대적인 환경이 필요하다. 질서가 무너지면 전쟁에서 승리할 수 없다는 것은 자명한 사실이기 때문이었다. 처음에는 고참 사병들로부터 심한 반발을 받았다. 반발의 이유는 단순하였다. 동생뻘 되는데 어찌 인사와 존댓말을 하느냐는 것이었는데 그 이유로 나의 결심을 꺾을 수는 없었다. '꼬우면 진작에 먼저 군에 들어왔어야 되는 것 아니냐? 군은 계급 군번으로 지휘계통이 무너지면 이는 군대도 아니다!' 하며 건의를 묵살하였으나 결국 한시적으로 부분 절충하였다.

제대를 3개월 남긴 사병에게는 상호 인사와 존댓말을 쓰게 하였다. 지시는 잘 지켜지고 있었고, 가끔씩 들리던 내무반에서의 문제들도 많이 개선되었다. 특히, 초급 하사관들은 내심 고마워하기도 하였다. 본 지시가 얼마나 지속되었을지 나는 모른다. 후임 지휘관이 무사안일하면 편리에 따라 원위치될 것임은 자명하기 때문이다.

근래에 군에서 사병들의 구타, 자살 사건이 자주 있음을 언론을 통해 듣는다. 내 경험과 판단으로는 초급 지휘자의 지도력이 최우선 과제이다. 원칙을 준수하고, 명분 있는 설득력이 필요하며, 사전에 원인을 정확히 파악하고 대처했다면 절대로 일어날 수 없는 일이라 장담한다.

치료를 위한 특성 파악

원인을 알았으면 해법은 반드시 있다. 그러나 한 가지 더 숙고해야 할 사항은 짧은 시간에 정확하게 치료하기 위해서 대상의 특성을 잘 알아야 한다는 것이다.

난 의사는 아니지만 환자마다 체질이 다르고, 생활환경이 다르기 때문에 환자의 특성에 맞는 맞춤치료가 필요하지 않을까 생각해 보곤 한다. 암 환자가 병원치료를 거부하고 시골로 내려가 생활환경을 바꾼 다음 건강이 많이 좋아졌다거나 완쾌되었다는 소식을 가끔 들어본 적이 있다. 사람은 자생 능력을 가지고 태어난다는 옛 어른들의 말씀에도 수긍하는 바이다.

특성 분류 연구를 잘하면 맨손으로 사냥도 할 수 있게 된다. 쉬어갈 겸 기막힌 사냥법을 들은 바 있어 소개한다. 기러기를 맨손으로 잡으려면 무리의 특성을 잘 알아야 한다.

−참고 사례: 기러기 잡는 법

우스개 얘기지만 기러기 사냥법을 이야기해 보고자 한다. 기러기뿐만 아니라 군집무리의 새를 잡는 데 공통적으로 적용이 가능하다. 더불어 새들로부터 리더십이나 팔로워십을 배울 수 있다. 이들의 리더십과 팔로워십은 천부적이라 할 수 있다. 누구로부터 어떻게 교육을 받았는지 모르기 때문에 천부적이라 표현할 수밖에 없다.

기러기는 대표적인 군집무리이다. 주로 야간에 군집의 행태를 볼수 있으므로 사람들은 이를 잘 알기 어려운데 또 다른 군집무리인 타조는 농장이 있으므로 쉽게 관찰해볼 수 있다. 타조는 취침 시간이 되어 잠을 잘 때 반드시 한 놈의 타조가 깨어 잠자는 무리의 주변을 돌며 외부 침입을 감시한다. 그리고 일정 시간이 되면 군 보초처럼 근무 교대를 한다. 기러기떼도 이와 같다. 날아가는 기러기떼를 보면 거의 V자 형태를 띠는데, 맨 앞에 리더가 방향과 속도를 조절하고 있음을 간접적으로 알 수도 있다.

그러면 어떻게 기러기떼를 라이터 하나로 잡을 수 있을까? 기러기떼의 특성을 이용하면 가능하다. 기러기떼는 주로 갈대밭에서 잠을 잔다. 미리 갈대밭에 잠입하여 밤이 되기를 기다리거나, 야밤에 기러기떼가 잠에 빠질 무렵 소리 나지 않게 기러기떼 근처로 잠입한다. 모두들 잠에 빠지고 근무 기러기 한 마리만 남았다 싶을 때 라이터를 한 번 딸깍 켠다. 그리고 조용히 기다린다.

보초를 서던 기러기는 인기척과 깜빡하는 불빛 때문에 비상을 외친다. 잠자던 기러기들이 잠에서 깨어 주변을 살핀다. 아무 인기척이 없으면 대장 기러기는 '보초 기러기! 너 보초 잘 서지 않을래?

야단을 치고 다시 잠에 빠진다. 잠시 후 기러기떼가 다시 잠에 깊이 빠졌다 싶을 때 라이터를 켰다 끈다. 보초 기러기는 다시 비상을 외친다. 자던 기러기 무리가 눈을 비비며 일어나 주변을 살핀다. 아무 변화가 없으면 다시 보초 기러기를 질타하고 잠에 빠진다. 이를 서너 번 반복하면 다음부터는 라이터 불 한 번에 기러기 한 마리씩 잡을 수 있다.

어떻게 이런 일이 가능한 것일까? 기러기떼가 다시 잠에 빠진 것이 확인되면 라이터를 켰다 끈다. 기러기떼가 잠에서 깨어 주변에 이상이 발견되지 않으면 쉽게 말해 열 받게 된다. 결국에는 보초 기러기를 물어 죽이고 다른 기러기를 보초로 세운다. 다시 기러기들이 잠에 빠졌다고 판단되면 라이터를 켰다 끈다. 기상 소리에 놀란 기러기들이 일어나 주변을 살핀 후 '너도 아까 그놈과 똑같은 놈' 하고 죽여 버린다.

단, 이로써 기러기가 멸종되면 천기를 누설한 필자의 잘못이 되므로 꼭 먹을 만큼만 잡으시기 바란다.

기러기 사냥법도 리더의 판단 착오로 모두를 죽일 수 있다는 사실을 새겨두어야 할 사례로 보인다.

–사례: 각질 제거

좋은 예가 될지는 모르나 이도 나의 경험에 의한 것이다.

남녀를 불문하고 발뒤꿈치에 각질이 생겨 불편해하는 사람들이 많다. 원인은 무엇일까? 그리고 해법은 무엇일까? 원인은 씻지 않음에 있고, 해법은 매일 씻으면 없어진다는 것이다.

나는 각질이 없다. 체질적으로 발에 열이 많아 땀이 많이 나는 편이다. 나는 매일 치아는 닦지 않아도, 얼굴은 씻지 않아도, 발을 씻지 않으면 잠자리가 불편하다.

언젠가 몇 달 동안 발을 씻지 못한 기간이 있었는데 어김없이 각질이 생기고 있었다. 각질은 한 번 생기면 없어지는 데 더 많은 시간이 걸린다.

특성 파악에 따른 개발 방법

모든 개발에는 천차만별의 특성이 있다. 그러나 개발자들은 이를 등한시하고 있음을 자주 본다. 아니, 아예 특성 파악에 무관심하다고 봐야 된다.

특성 파악에 따라 자체 개발을 하거나 간단한 방법으로 패키지를 도입하기도 한다. 이러한 결심 자체가 회사의 특성을 파악하는 중요한 이유이다.

간단한 예를 들어보자.

① 패키지 도입

경리 회계 프로그램 같은 경우가 패키지의 좋은 사례이다. 경리 회계는 국법에 의해 규칙이 정해져 있기 때문에 의뢰자의 특성과 무관하다. 때문에 조직이 간단하고 전산화에 필요한 다른 특성이 개입될 여지가 없다면 투자비용이 저렴한 패키지 도입이 여러 면에서 유리할 것이다.

그러나 패키지에 다른 특성을 포함시키려면 조금은 불편할 것이다. 방법이 없는 것은 아니다. 주로 다른 모듈을 개발하여 패키지와 연동하여 개발하면 된다.

② 통합시스템 개발

조직이 방대하고 업무 또한 다양한 경우에 해당한다. 부분적으로 패키지를 도입하여 커스터마이징(Customizing)하거나, 다른 개발과 연동하여 통합시킨다.

③ 컴퓨터를 인간으로 생각하라

컴퓨터는 똑같은 일은 연속적으로 반복하는 단순 노동자이다. 능력을 과대평가하거나 그 이상을 기대해서는 안 된다. 컴퓨터는 밥(전기)만 주면 밤낮을 가리지 않고 최선을 다해 일하는 충실한 일꾼이다. 싫증내는 법도 없고, 짜증내는 법도 없으며, 일을 거부하지도 않는다.

컴퓨터를 만능 해결사로 생각해 능력 범위 이상의 일을 요구한다면 이는 중대한 오판이다. 도메인에 따라 사람이 해야 할 일과 컴퓨터가 해야 할 일을 분리해야 한다. 가급적 단순 반복적인 일이 컴퓨터 능력에 맞다.

도메인의 특성은 국가에서 정한 업종 분류를 참고하면 업무의 특성 파악에 많은 도움이 될 것이다.

특성 파악 기법 활용

특성 파악 능력을 키우면 자녀교육에 매우 이롭게 활용할 수 있다. 될성싶은 나무는 떡잎을 보면 안다고 했다. 떡잎이 시원치 않은 나무를 키우는 부모들은 아이들에게 엄청난 스트레스를 주게 된다. 특성을 파악하기 위하여 학원을 통하여 여러 가지를 시험해 보는데 이는 잘못된 방법이다. 즉, 어릴 때의 재능과 소질을 파악하는 것이 병(운명)을 고치기 위한 원인을 찾는 것이다.

3~4살에 골프나 악기를 시작하여 대성한 사람들을 많이 보고 부러워들 한다. 일부 부모들은 아이에게 강제로 주입 교육을 시켰기 때문이라고 생각하고 있었다. 나는 어린아이의 특성을 정확히 파악한 부모나 주변 어른들의 탁월한 특성 분석 능력이라고 본다.

우리 아이에게 '할 수 있다'로 시작하여 이것저것 학원이나 교육으로 강제하고 있는데 나는 이 방법이 아니라고 생각한다. 아이가 받는 스트레스가 너무 많다는 것을 주변에서 많이 보았다. 교육 전에 아이의 잠재 특성이 무엇인지 우선 파악하는 것이 아이에게 필요하며, 생활비 절감에도 기여할 것이라 생각한다. 우리 아이도 그렇게 될 수 있다는 생각은 너무 조급한 게 아닌가 싶다. 먼저 자녀의 특성을 파악한 후 맞는 길 하나를 선택해 주어야 한다. 그러려면 특성 파악 능력을 기르시기를 권해드리고 싶다. 자녀의 겉을 보려 하지 말고 속을 보아야 한다. 다음 기회에 특성 파악에 관한 얘기들을 다시 할 기회가 있을 것이다.

특성 파악은 직업의 선택을 위해 반드시 필요하다. 길이 아니면 가지 말라 했다. 부모들은 대체로 자식들이 전도유망 업종에 취직되기를 기대한다. 한국에서는 지식산업, 소프트웨어 산업의 미래가 밝다는 얘기들이 무성하다. 그래서 부모가 자녀들에게 컴퓨터 관련 업종에 취직되기를 강요할 수도 있다.

하지만 자식의 특성을 잘 파악하여 자식에게 사물을 볼 때 특별히 분석해 보려는 취미나 의지가 보이지 않으면 개발 혹은 소프트웨어 산업 쪽으로 유도하지 말기를 바란다. 업무 파악 능력이 떨어지거나 남의 말을 알아듣는 데 어려움을 느낀다면 개발과 관련된, 특히 IT 개발자의 길로 들어서지 말아야 한다. 혹 전산학과에 입학하거나 개발 업무에 투입되었을 때 얼마 가지 않아 후회하거나 절망하게 되므로 아예 발을 들여놓으면 안 된다.

자녀의 특성을 파악하는 좋은 방법 중의 하나는 아이가 새로운 사물을 볼 때마다 얼마나 관심을 가지고 있는지를 살펴보는 것이다. 책 읽기를 좋아하는 아이도 분석 능력이 있다고 봐야 할 것이다.

앞에서 암산을 가르치는 것도 좋겠다고 말했다. 뛰어난 암산 능력
은 아니더라도 초등학교 특활반 활동 1년간 배웠던 나의 암산공부
경험은 사회에서, 또한 전문인 개발을 할 때에도 매우 유용하였기에
다시 한 번 권해 드린다.

07

특성 파악 능력을 키우는 방법

도(道)에 대한 관심 가지기

하드웨어와 소프트웨어를 알게 되면서 나름대로 컴퓨터에 대한 깨우침이 필요하다는 생각을 하게 되었다. 보고 들으면 이미 대충 안다는 얘기다. 경지에 오르면 척 보면 다 알게 되겠지만…….

'컴퓨터(과학) 얘기를 하다가 갑자기 웬 도(道)를 아십니까?' 하며 의아해 할 것이다. 도(道)가 트이면 방법론을 모르더라도 성공적으로 프로젝트를 수행해낼 수 있다. 새로운 용어가 발표되고 번역은 어렵더라도 쉽게 뜻과 의미를 이해할 수 있다. 삶의 직접적인 경험이 없이도 맞춤 조언을 해주는 도사같이 말이다.

문제(병)는 도처에서, 시도때도없이 발생하여 주변을 순간적으로 곤혹스럽게 한다. 일반인은 문제를 부풀려 다 죽어가는 양 엄살을 피우고, 해법을 찾지 못해 우왕좌왕하거나 임시변통으로 손을 대는 바람에 문제를 더 크게 만드는 경우도 있다. 결국 해결사에게 요청하고, 해결사가 해답을 제시하고 문제를 깔끔하게 정리하게 된다.

해결사는 그냥 해결사가 아니다. 이것저것 두드리지 않고도 문제의 원인을 콕 집어내는 능력을 소유한 사람이다. 해결사는 병의 원인을 찾아낼 수 있는 도를 이미 알고 있으며, 원인 해결을 통한 치료법이 있다는 것도 확정적으로 알고 있기 때문이다.

도에 가까울수록 문제를 보는 시각이 다르며 또한 넓게 보는 것이 가능하다. 해법 또한 다양함에서 검토되어 우러나오기 때문에 문제 해결책에 아주 가까울 수 있다.

병을 고치려면 먼저 근본 발병 원인을 알아야 한다. 발병 원인을 분석하는 가장 좋은 방법 중 하나가 도를 깨치는 것이라 생각된다. 경험에 따르면 훈련이든 수양이든 도가 트이면 예지력도 생긴다는 결론을 얻었다.

건방지게 들릴지 모르지만 컴퓨터를 제대로 이해하게 되면서 도의 경지를 조금이나마 이해하게 되었다. 인간과 유사한 컴퓨터의 미래를 알 수 있다면 사람과의 대화에서도 앞이 보이게 되는 게 아닐까?

컴퓨터뿐 아니라 무엇이든 하나를 완벽하게 깨우치면(도가 트이면) 깨친 도에 사물을 대입하여 앞을 볼 수 있다는 것이 경험의 원리이다. 도가 트이면 골목길이 대로로 보이고, 작은 텃밭이 넓은 식물원이 되며, 작은 저수지가 광활한 대양으로 보일 것이다.

-에피소드 1: 도를 깨친 사람들 탐구
나는 지인들과 대화할 때 가끔 도(道)를 아느냐 하며 농담 반 진담 반으로 물어보는 말이 있다.

"왜 도가 튼 분들을 존경하느냐? 그분이 당신의 전도를 족집게처럼 권고할 때 왜 믿을 수밖에 없는가?"

대개는 족집게 도사니까, 혹은 세상을 달통한 사람이기 때문이라고 대답하고, 혹은 대답하지 못하고 머뭇거린다. 딱히 왜 추종하고 믿게 되는지 말로 표현하기 어렵기도 할 것이다.

그럼 나는 두 번째 질문을 던진다.

"경험을 충분히 해 본 사람이 고민에 대한 명쾌한 해답을 줄 수 있고, 조언이나 충고 또는 예측을 해줄 수 있다. 그분들이 인생살이에 대해서 뭘 알겠나? 그분들은 책 읽기, 듣기, 기도 또는 좌선과 같은 간접경험은 많이 해 봤을지 모르지만 정작 실질적인 조언에 필요한 직접경험은 별로 없을 것이다. 그분이 농사를 짓고, 결혼을 하고, 아이를 낳고 키우고, 사업자의 애환을 경험해 본 일이 있을까?"

내 말에 일부 수긍이라도 하는 듯 답변은 대체로 궁색해진다.

책이나 구전을 통해 들어본 선각자들이 많다. 국가 대사를 앞에 두고 그분들로부터 결정력 있는 조언을 읍소하여 부탁하기도 했다. 그런데 신기하게도 그분들은 질문자를 꿰뚫어보듯, 한마디 한마디가 심금을 울리고 막힌 가슴을 뚫어주듯 서슴없이 답해준다. 우리도 그분들로부터 미래가 어떻게 펼쳐질지 혹은 하는 일이 잘 풀릴지에 대한 예견을 듣고 싶어 한다. 때에 따라서는 그분들의 말을 들어본 사람들은 족집게 같더란 말을 자주 하기도 한다.

어떻게 그분들은 묻는 사람들의 마음을 헤아리고, 정곡을 찌르는 해답을 줄 수 있을까? 나는 궁금하면 집요하게 생각하고 원인을 찾으려 애를 쓰는 편이므로 도가 무엇인지, 어떻게 도를 깨우칠 수 있는지 골몰하였다. 그리고 관상 실험을 했던 기억을 떠올려보고, 내가 인간과 컴퓨터의 관계를 이해하게 되었을 때 그 의문을 풀었다.

선각자의 예지력은 어떻게 생기며 그 이유는 무엇일까?

직접경험이 없다 하더라도 어느 한 곳, 한 분야에 달통하면 인간사가 모두 그 속에 속하게 되므로 자연스럽게 인생의 모든 문제가 눈에 띄게 되고 상담자의 문제가 무엇인지, 해법이 무엇인지 나온다는 것이다. 한마디로 앞이 훤히 다 보이는 정신세계가 된다는 것이다. 도가 텄다는 것은 수많은 자료가 머릿속에 있으며, 최적의 정보화가 가능하여 답변으로 나온다는 이치인 것이다.

내가 깨달은 답은 도에 있다고 결론지었다. 상담자의 말과 눈빛을 보면 그의 인생과 가려운 곳이 다 드러나 보인다는 결론이다. 일반인이 도가 트이면 미래는 볼 수는 없을지라도 문제의 원인 분석과 해법은 보인다. 바둑의 고수들도 10단이 되면 신이라 불린다. 그들이 10수 앞을 내다보는 것은 쉽게 말해서 도가 튼 것이다. 오로지 한 가지 일에 몰두하여 반복 훈련하고 공부한 덕분에 도의 경지에 오르게 된 것이며, 이로써 도(道)는 훈련과 연습으로도 득도가 가능하다는 것을 알 수 있다.

여기에서 과연 이런 일들은 가능한지 나의 실험을 통한 경험이 있어 소개해 본다.

–에피소드 2: 성(姓) 맞추기 훈련

관상학을 하는 사람들 혹은 이름, 생년월일만 들어도 앞을 내다보는 점술가들의 예지력은 타고난 것일까 궁금하여 실험해 보기로 하였다. 이는 사업 성공을 위한 준비의 일환이기도 하였다. 사람 보는 눈이 필요했기 때문이었다.

실험 내용은 처음 보는 사람의 성(姓)을 맞춰보는 것이었다.

방법은 이러했다. 전 세계를 울렸던 '이산가족 찾기'에서 힌트를 얻었다. 텔레비전 프로그램을 본 사람들은 모두 같은 생각을 했겠지만 혈육은 거의 DNA 검사와 같은 과학기술을 동원하지 않더라도 보는 순간 자식인지, 형제인지를 곧바로 알 수 있었다. 혈육은 거의 골상이 비슷하였다. 부계로 맞지 않으면 모계로도 쉽게 알아볼 수 있었다.

그때부터 지나가는 사람들을 한 번 보고 어릴 때부터 내가 만난 모든 사람들의 얼굴들을 기억에서 끄집어내어 처음 보는 사람과 비교하였다. 그때부터 나는 거의 1년간 사람들 얼굴만 쳐다보고 다녔다.

처음에는 20~30% 맞추는 데 그쳤지만 1년 정도 지나면서 50~60% 이상 맞출 수 있었다. 모계를 닮은 사람의 경우는 조금 애매하여 어머니 성이 무엇이냐고 물어보기도 했다. 그때부터 관상학이나 점술에도 이와 비슷한 통계학이 응용되지 않을까 생각하게 되었다. 도를 깨우치려면 개인 훈련으로도 가능할 수 있다는 결론을 얻었다.

이와 같은 실험의 경우는 기억력이 가장 왕성할 때 가능한데 관심이 있다면 한번 실험해보기 바란다. 지속적으로 같은 관상의 사람들의 행로를 추적하고 정보화한다면 통계적으로 확률이 높은 미래예측이 가능하지 않겠는가? 여러분은 자연의 생태를 관찰함으로써 득도(得道)해 보기 바란다.

사물의 겉과 속을 보는 시각 기르기

사물을 볼 때 매의 눈을 가질 필요가 있다. 영화나 드라마에서 연기자를 유심히 관찰해보자. 연기자는 시나리오에 있는 대로 연기할 뿐이다. 이것은 건성으로 보는 것이다. 성공한 작품이나 연기에서는 연기자가 시나리오 속의 인물의 특성(Character) 및 환경 특성을 파악하여 자기화되어 있음을 알아야 한다.

사물을 볼 때 겉만 보지 말고 속을 보려고 노력해야 한다. '나무를 보지 말고 숲을 보라' 혹은 '숲은 그만 보고 나무를 보아야 한다'는 말이 있다. 개발자는 산세를 보고, 나무를 보고, 숲을 보아야 한다. 하나도 놓치면 안 된다. 산세와 나무는 특성이고, 숲은 업무이기 때문이다. 역으로 숲을 먼저 보고 산세와 나무의 특성을 찾을 수도 있다.

사람들의 말과 행동도 깊이 있는 관심으로 보고, 그것으로 새로운 아이디어가 있는지 고심도 해 보면 능력배양에 도움이 된다. 나의 발명 아이디어도 이를 실천함으로써 생산된 것임은 두말할 나위도 없다.

해외 여러 나라를 가봤지만 여행으로 가본 적은 단 한 번도 없다. 그렇게 짧은 시간이었지만 갈 때마다 뭔가를 알고자 목표를 가지고 갔었고, 목표대로 성취하였다. 매번 많은 것을 얻을 수 있었고, 이는 지금까지 내 인생에 기여한 칭찬받을 만한 삶의 지표가 되었다.

이른 아침 산책길에 젊은 친구가 개울가에 앉아 큰소리로 영어 문장을 읽고 있는 모습을 보았다. 노트북은 무릎 위에 놓고, 옆에는 얼굴 크기의 거울도 있었다. 나는 산책에서 돌아오는 내내 젊은 친구에 대한 여러 가지를 생각했다.

시험에 임박했을까? 회사에서 급히 필요한 업무였을까? 지나가는 사람들은 어떻게 보고 있을까? 대단한 배짱으로 성공할 것이다, 집에서는 안 되니까 나왔겠지, 학생일까 직장인일까? 지금 생각하는 것들은 모두 껍질을 보고 상상하는 것이다.

속을 알려면 만나야 하고, 얘기를 촘촘히 들어야 하고, 지금까지의 경험과 대비하여 상대의 특성을 파악하려고 노력함으로써 자신의 특성 능력을 조금씩 더 키워나가는 것이다.

질문 많이 하기

훈련의 중요성 때문에 항목을 일부러 구분하였다. 앞 장에서 직접경험의 중요성을 여러 차례 강조한 바 있다. 간접경험으로 읽기, 듣기, 메모하기도 강조하였다. 경험 쌓기에서 알면서도 참으로 애매하고 어려운 점이 있다면 바로 질문하기가 아닐까 생각한다. 앞에 기술된 필자의 질문 체험을 다시 한 번 참고하면 도움이 될 것이라 생각한다.

모르는 것은 부끄러운 것이 아니고, 묻는 것은 자존심과 무관하다. 알버트 아인슈타인은 '질문이 정답보다 중요하다' 며 다음과 같은 얘기를 남겼다.

질문 습관을 쉽게 하기 위한 방법 중의 하나로 멘토의 선별이 중요하다.

질문과 연관된 해결사를 만나야 하고 선정된 해결사(멘토)는 진정성이 있는 전문가여야 한다. 경험 많은 어른이라고 하여, 혹은 어설픈 기술자를 만난다면 핀잔을 듣거나 실망하게 되어 이후에는 질문을 꺼리는 결과나 습성을 얻게 되니 참고하기 바란다.

성공적 특성 파악 능력의 사례

강원도청 굴뚝오염측정 모니터링 시스템(TMS) 개발에 관한 사례이다.

본 소프트웨어는 개발 후 단 한 차례의 유지보수 없이 7년간 사용하였고, 확대 개발되었다. 사업 5년 만에 폐업을 해야 할 지경에 이르러 남아있는 직원이 한 명도 없었다. 또한 인천시청 개발로 시간을 다 허비해버린 것 때문에 납기가 한 달밖에 남지 않아 걱정이 태산이었다.

개발을 어떻게 할 것인지는 이미 인천시청의 경험으로 그림이 거의 완벽하게 그려져 있었다. 하지만 막상 손수 개발을 하려니 막막하였다. 개발에 손을 뗀 지 오래되어 UNIX라는 O/S 및 명령어를 잊어버렸고, Vi라는 워드 프로세서도, 그리고 언어 C도 사용한 지 오래되어 기억이 잘 나지 않았다. 더 큰 문제는 그래픽 툴인 Xlib라는 라이브러리(library)는 처음 접해보는 패키지라 전혀 감을 잡을 수 없었다.

　마침 배가 아파 화장실에 가야했는데 무작정 Xlib 책을 들고 화장실로 갔다. 처음부터 차근차근 읽기 시작하였는데 책의 1/3 정도 읽으니 그날따라 개발하는 데 지장이 없을 정도로 이해가 빨랐다. UNIX와 Vi, 그리고 C도 조금씩 기억이 되살아나고 있었다.

　시험 삼아 작은 모듈부터 하나씩 개발해나갔다. 제일 어려운 부분은 통신 프로토콜을 개발하는 것이었는데 통신은 쌍방간의 약속이 한 자 아니 한 bit라도 틀리면 정상적인 통신이 이루어지지 않을 뿐 아니라 통신선의 이상으로 인해 요구 자료를 못 받을 경우 어떻게 다시 보내라고 해야 하는지, 주고받은 데이터가 서로 정확한지, 못 받았을 때 몇 번을 추가요구를 해야 하는지 등 고려해야 할 사항들이 상당히 많기 때문에 개발에 신경을 많이 써야 했다.

　통신 모듈은 개발이 잘 완성되어 내가 개발한 통신 프로토콜은 부분적으로 보완되어 환경부 대기감시시스템 표준 통신 프로토콜이 되었다.

　한 달을 개발에 전념하였고 그중 10일은 밤을 꼬박 새워 개발했다. 꼬박 밤을 새웠다는 것은 하루에 30분 이내의 잠을 잤다는 것이다. 밤새기는 할만하였다. 배가 부르면 잠이 잘 오겠지만 밖으로 나가는 시간이 아까운지라 물, 커피, 담배 외에는 거의 입에 대지 않았다. 개발 완료기간도 촉박하였기 때문에 긴장의 연속이었지만 견딜 만했다. 얘기해도 될지 모르지만 내 경험으로는 배고플 때 머리가 훨씬 맑아졌다. 날씨가 추워질수록 물은 더 맑아지고, 고난 속에서 두뇌의 활동이 더 왕성해짐과 같이…….

개발이 마무리되어 가면서 통신선로 상의 문제로 담당 계장과 마찰이 생겼다. 계장은 거의 내 말을 믿으려 하지 않았다. 데이터가 정상적으로 들어오지 않아 내 프로그램이 문제인지 여러 번 테스트를 했고, 선로 중간에 애널라이저(Analyzer)라는 통신 분석 장비를 붙여 보기도 한 결과 선로가 문제라는 확신을 얻었다. 선로 문제라고 말했더니 계장은 KT에 문의한 결과 선로의 문제는 없다며 나의 문제로 확정하여 말하고 있었다. 아직도 대기업을 더 신뢰하는 세상이 한심해 보였다.

어디 하소연할 데도 없고, 갑의 감독관으로 있는 사람과의 싸움은 질게 뻔한 사실이라 이러지도 저러지도 못하고 쩔쩔매고 있었다. 도무지 뾰족한 수가 생각나지 않았다. 더구나 사태에 따라서는 KT라는 골리앗과의 싸움으로 번질 수도 있었다.

하지만 결국 선로 문제 확신으로 싸움을 결심하고, 실상을 보여주는 것으로 복수를 생각하게 되었다. 나는 계장에게 제의했다. 당신과 나와 KT의 카멜레온이라는 TF팀 3자가 현장 테스트를 하자고 했다. 계장은 KT에 요청하여 정선 분국과 삼척의 기지국간의 선로를 테스트하기로 약속했다. 테스트 날, 계장과 현장에 도착하였다. 처음 KT 실무진은 선로에 문제가 없음을 자신하였는데 밤샘 테스트로 선로의 문제로 판정되었고 나는 의기양양하게 돌아올 수 있었다.

계장은 그때부터 나의 말을 신뢰하고 귀를 기울이게 되었지만 전세는 역전되어 계장이 뭘 알고자 하면 나는 모르는 척 외면함으로써 일부분 복수를 하였다. 계장이 나중에 화해를 요청하였지만 과정이 하도 괘씸하여 응대도 하지 않아 답답해하였다.

개발자가 된 후 처음으로 기술자의 고집이라는 게 이런 것이었구나 생각되었다. 나는 이런 집요한 고집을 달가워하지 않는다. 능력자는 최선을 다해 조력해야 하는 것이지, 기술을 무기로 행세한다는 것은 소인배의 짓이라 생각하고 있었기 때문이다.

개발은 예정대로 순탄하게 마무리되었고 환경과 직원들은 나의 능력을 인정하여 가깝게 지내게 되었다. Xlib라는 개발 툴의 특성을 단기간에 파악할 수 있었던 것도 알고 보면 그래픽의 필요성을 갈구했기 때문이었고, 개발이 완벽했던 것도 따지고 보면 통신분야 하드웨어 지식 덕분이었다. 프로젝트로 치면 규모가 작은 시스템이지만 특별히 지사님을 모시고 오프닝 테이프 커팅(Opening Tape Cutting)을 하였다.

나중에 들은 얘기가 신비로웠다. 삼척에 있는 동양시멘트 주변 지역 주민들이 시멘트 분진 때문에 못살겠다고 도지사실로 항의 방문을 하였다. 전에는 해결 방법이 없으니 어떻게든 달래서 돌려보내야 하는 곤욕을 치렀다고 했다. 그러나 실시간 감시가 잘되고 있음을 알고 계시던 지사님은 항의 방문자들을 데리고 시스템이 설치되어 있는 측정분석실로 와서 시스템을 설명하면서, 전에는 실시간 점검이 어려워 대책을 세우기 어려웠지만 지금은 현장에 가지 않고도 실시간 감시가 되고 있다고 설명하셨다. 그리고 관련 업체는 집진시설을 하지 않으면 안 되기 때문에 주민들의 불편사항은 곧 해결될 거라 부연 설명하셨다.

항의하러 온 주민들은 아무 말 못하고 돌아갔고 얼마 후 관련된 8개 회사는 적게는 20억, 많게는 80억을 들여 집진시설을 하였다. 지역 주민들이 분진의 피해로부터 해방되는 계기가 이루어졌다. 도청 직원들은 획기적인 투자효과를 거둘 수 있었고, 나 덕분에 가능했다고 고마워했다. 주민항의 방문이 사라진 것은 물론이거니와 공무원들도 점검이라는 과중한 업무로부터 해방된, 기대했던 효과 이상을 얻었다는 소식을 들었을 때 개발자로서의 기쁨은 느껴보지 못한 사람들은 전혀 알 수 없을 것이다.

개발 처음에는 무엇을, 어떻게, 왜 등 막막한 상태로 시작하여, 개발 과정에서 밤샘과 문제해결을 위한 고통이 수개월 동안 수반되고, 포기하고 싶은 생각도 수시로 들었다. 하지만 제시간에 정상적으로 개발되어 사용자가 오랫동안 만족하며 사용할 때의 기쁨은 어디에도 비교할 수 없다. 이런 것이 삶의 보람이 아니겠는가.

아이디어 발굴과 발명

앞 장에서 특허 이야기를 한 김에 부언을 하려고 한다.

컴퓨터 관련 전문가가 되고, 메모를 즐기면서 발명에 관심을 가지게 되었다. 발명 관련 아이디어 노트만 2권을 가지고 있으니 꽤 많은 아이디어를 구상하기는 했다. 특허도 원래 5건을 출원하여 5건을 등록하였는데 2건은 오래된 것이라 실효가 있는지 몰라 3건이라 얘기한다.

특허를 출원하지 못한 몇 개의 아이디어가 있어 소개한다.

① 신용카드 승인 단말기

지금은 카드를 소지하지 않은 사람이 없을 정도로 현금처럼 보편화되어 있다. 하지만 1980년대에는 국내뿐 아니라 외국에서도 승인 단말기는 더미(Dummy)였다. 즉, 작은 LED 화면에 승인내역만 표시되었지, 프린트 기능도 없었고, 단말기에 여러 기능을 표시하지 못

했다.

나는 다양한 기능을 갖춘 똑똑한 단말기를 개발하려고 생각을 하고 특허출원 준비를 하였으나, 특허출원료가 생각보다 많아 포기하였는데 이후 내가 생각했던 단말기가 지금 일반적으로 보급되어 있다.

② 8분할 TV

디지털 TV가 나오기 전 모든 TV는 브라운관 아날로그 TV였다. 리모컨이 없는 로터리 TV라 보고 싶은 채널을 보기 위해 수시로 일어나 로터리를 돌려야 했다. 당시 로터리는 쉽게 망가지기도 했다.

디지털을 공부한 나는 화면을 4분할, 혹은 8분할로 보여줄 수 있는 TV를 개발하려고 했다. 화면을 4등분으로 자르는 것인데, 4분할을 보고 있다가 원하는 채널 하나만 선택할 수 있다면 시청자에게 편리할 것 같았다.

아날로그 TV도 가능하지만 차제에 제어가 훨씬 편리할 디지털 TV를 개발하려 하였다. 변리사를 만나 상의를 하였는데 특허 권리 주장을 하려면 기본적인 제품이 있어야 된다고 했다. 개발비도 문제고, 방송국 송출 문제도 해결해야 되는 등 여러 가지 문제로 포기하였다.

③ 혼잡 자동제어 신호등 개발

지금도 설치되어 있는 것 같지는 않은데 누군가 연구·개발하면 성공 가능성이 있다. 원리는 도로를 주행하는 모든 차량의 수와 간격을 센서를 통해 자료화하는 것이다. 물론 건널목 신호등 거리도 사전에 준비해두어야 한다. 신호를 기다리는 사람이 많지 않으면 사람이 신호등을 수동으로 제어하여 건너게 하고, 사람이 없을 경우 다음 신호등이 있는 곳까지의 거리만큼 주행 신호를 자동 연장해주는 방법이다.

이런 경우 유류비 및 주행시간 단축 등 국가적으로 어마어마한 기회비용을 절감하게 될 것이다.

④ 휴대용 재떨이

거리에 담배꽁초가 많이 널브러져 있는 것을 자주 볼 수 있다. 휴대형 재떨이가 있다면 바닥에 꽁초가 많이 줄어들 것이다. 휴대용 재떨이의 원리로 연필깎이를 생각해냈다. 담뱃불도 끄면서 꽁초를 가루로 만들어 버리면 라이터 정도의 크기로 압축 가능해 한 갑 이상의 꽁초를 버리지 않아도 된다.

담배를 피울 수 있는 장소의 재떨이도 구상하였는데 가루로 만든 다음 태워버리는 것이다. 더불어 담배연기가 밖으로 퍼지는 것을 방지하기 위하여 휴대용 재떨이 내부에 연기 흡수 기능을 넣는다면 금상첨화가 될 것이다.

⑤ 자동 커피 메이커

커피가 물보다 더 대중화되기 시작할 무렵에 생각해낸 아이디어였다. 커피는 가루가 되어 일주일이 지나면 향이 많이 사라진다. 대신 생두는 오래 보관이 가능하다. 생두를 보관해두었다가, 필요할 때 적당량의 생두를 장치에 넣으면 최적 온도로 로스팅(Roasting) 하고, 분쇄한 후 끓는 물 혹은 냉수(더치커피)로 물을 내리는 모든 절차를 자동화하면 좋을 것 같았다. 대학동기 모임에서 친구 아내들에게 설명했는데 너도나도 개발되면 최우선으로 사겠다고 난리들이었다.

그러나 개발 및 디자인 비용을 내가 댈 수 없을 것 같아 이미 포기한 뒤였다. 요즘 보이는 장치들이 나의 아이디어와 일치하지는 않지만 아이디어를 내고 3~4년 후부터 시중에 출시되고 있다.

⑥ 컴퓨터 소프트웨어

첫 번째 회사를 퇴사하고 대학원을 졸업한 후, 그리고 첫 번째 사업을 시작하면서 나의 꿈은 한국형 워드 프로세서, 컴파일러, OS를 개발하는 것이었다. 하지만 설계 단계도 모두 마쳤음에도 시간과 경비 문제로 포기한 적이 있었다.

창조는 중요하고, 도전도 중요하다. 여러분도 생각날 때마다 아이디어를 메모하는 습관을 가져보기 바란다.

⑦ 전자칠판과 우물 안 개구리

미국에서 교육을 받을 기회가 종종 있었는데 그때마다 느끼는 어려움이 많았다. 영어에 익숙하지 않은 나 같은 사람들은 설명을 들으랴, 칠판 내용을 베끼랴, 주어 동사 문법 맞추기도 하랴, 정신이 없어 하루 종일 무슨 수업을 들었는지 갑갑할 때가 많았다.

그래서 생각해 낸 아이디어였다. 즉, 칠판을 통째로 복사하는 것이었다. 듣기에 열중하고, 칠판을 베끼는 것은 장치에 맡겨 나중에 출력하여 찬찬히 복습을 하면 되겠다는 발상이었고, 개발 가능성도 있어 보였다.

아무튼 아이디어를 현실화시키기 위해선 카메라 원리와 광다이오드 그리고 광케이블에 대한 기술이 필요했다. 데이터화하는 것은 내가 좀 아는 게 있어서 별 고민하지 않아도 되었다. 텍사스에 CONVEX 슈퍼컴퓨터를 방문하게 되었는데 그 회사 부사장은 당시 세계적으로 손가락에 꼽는 컴퓨터 개발기술자 중 한 명이었다.

나는 혹시나 내 아이디어가 빼앗길 수 있다고 생각하여 두루뭉술하게 광다이오드, 광케이블에 대한 자료가 필요하다고 했다. 그는 한참을 듣고는 나에게 물었다.

"네가 뭘 개발하고 싶어 하는지 자세히 얘기해 봐. 난 절대로 네 아이디어를 훔치거나 도용하지 않을 것이다."

그래도 나는 사실을 말하지 못했다. 이 기술이 개발되면 내가 세계 최초라는 강박관념이 사실대로 말하지 못하게 하였다. 지금 생각해보면 그도 도움을 주고 싶었을 텐데 얼마나 답답하였을까?

잠시 후 그는 'CCD(Charge coupled diode)'를 아느냐고 물었고 나는 들어본 일도 없다고 했다. 그는 더 이상 아무것도 묻지 않았고, 비서를 불러 나에게 광다이오드 책, 광케이블 관련 책, CCD 데이터 책도 구해주라고 지시하였다. 며칠 후 내 책상에 10권 정도의 책이 배달되었는데, 나는 얼마 지나지 않아 광다이오드와 광케이블 책들은 개발에 전혀 도움이 되지 않는다는 것을 깨닫고, 맨 밑에 있던 데이터 책 한 권만 필요하다는 걸 깨달았다.

지금의 모든 디지털 카메라, 스마트폰 카메라는 모두 CCD라는 칩셋(chip set)을 쓰고 있으며 해상도도 오백만 화소, 천만 화소 등 그 이상의 해상도도 탑재하고 있다. 하지만 당시에는 1,024화소 한 줄 짜리 칩셋을 사용했고, 이 칩셋 하나면 광다이오드고 광케이블이고 전혀 필요치 않았다. 나는 머리를 한 대 맞은 기분이었다. 우물 안의 개구리는 이런 것을 두고 한 말이구나 절실히 이해되었다.

그때 그 부사장과의 대화로 인하여 가슴에 새겨둔 것은 '남을 도 와주되 남의 아이디어를 탐하거나, 기웃거리지 말자' 는 것이다. 그 리고 국내에서 기술적으로 나에게 도움을 요청하는 많은 사람들을 대할 때 그렇게 실천하려 애썼다.

결국 개발은 포기하였다. CCD 칩을 구하려고 칩 생산회사에 전화 도 여러 번 했는데 번번이 국적이 어디냐 묻고는 판매하지 않는다며 거절당했다. 팔기 위해 개발하였을 텐데 팔지 않는다니 어처구니없 어 결국 아이디어 개발은 포기할 수밖에 없었다. 당시 CCD 칩을 개 발·생산하는 곳은 'Texas Instrument' 라는 회사와 일본의 'Sony' 밖에 없었는데, 이 기술은 국가 전략기술 품목으로 해외로 기술 반 출이 금지된 제품임을 알게 되었기 때문이다.

이 아이디어는 3년 후 모 그룹사에서 제품화되었는데 사업이 성 공하였는지는 잘 모르겠다.

우리나라 중소기업들이 힘들어 하는 이유 중에 하나는 대기업으 로부터 기술을 착취 내지 쉽게 도용당한다는 것이다.

구매 조건으로 기술 관련 모든 자료를 제출해 달라고 하면 영업상 거부할 수 없다. 만일 흥미로운 기술이라면 대기업은 손쉽게 개발

전담부서를 만들고 유사하거나 더 뛰어난 제품을 개발할 수도 있다. 수년간의 연구개발과 피나는 노력, 그리고 엄청난 개발비를 쏟아 부은 끝에 개발된 기술이 하루아침에 물거품이 될 수밖에 없는 것이 우리나라의 현실이다.

반면 미국은 남의 기술을 탐하지 않으며 있는 그대로 약자의 기술을 인정해주며, 심지어 어떤 부분을 수정하면 좋겠다는 아이디어까지 흔쾌히 지원해준다. 우리에게도 그런 환경이 조성되어야 수많은 발명가들이나 아이디어 창출자들이 마음 놓고 신제품을 개발해낼 것이다.

중소기업이 잘 사는 나라가 사회 안정과 복지의 근간임에도 정책 입안자들이 어쩌지 못하는 걸 보면 답답할 뿐이다. 이런 마음을 어디에 하소연하지도 못하겠다.

젊은이들에게 하고 싶은 말은 '아직 우리는 우물 안 개구리가 아닐까 항상 고민하기 바란다' 는 것이다. 지금이야 인터넷을 통해 많은 정보들을 손쉽게 구할 수 있으나, 그래도 다시 한 번 우물 안에서 나오기를 권한다.

08

시스템 구축과 PM

시스템 구축과 PM

강원랜드는 국내에서 내국인의 출입이 가능한 유일한 카지노회사이며, 연 매출도 세계적인 종합 리조트회사이다. 카지노, 호텔, 컨벤션, 스키, 골프, 콘도가 운영 중이며, 워터파크가 건설 중에 있다. 나열된 회사의 업무를 보면 시스템 규모도 엄청나게 크며 다양하다.

여기에서 강원랜드를 가급적 자세하게 소개하는 이유는 다양한 업종의 통합시스템 구축이 나의 마지막 실험이며 공부라고 생각되기 때문이다. 또한, 말년을 고민하는 IT 전문가들에게 조금이나마 희망이 되지 않을까 싶어서이다.

대기업의 종합시스템을 어떻게 구축하였는지, PM(프로젝트 매니저)의 역할이 무엇인지 도움이 될 것이다.

앞 장에서 딱딱한 이야기를 많이 한 것 같아 가볍게 읽을 수 있도록 수기형식을 갖추었다.

마지막으로 강원랜드 규모는 아니지만 외국 카지노시스템 구축

경험을 강원랜드 시스템과 비교하여 소개한다.

강원랜드는 메인카지노 전에 스몰카지노라고 하여 카지노, 호텔을 먼저 개장하였다. 시스템 구축이 시작되면서 나는 나의 장기인 프로젝트 수행을 위한 공정관리 네트워크 다이어그램을 작성하여 뒷벽에 붙여놓고 일정을 관리하였다.

프런트 오피스(Front Office), 백오피스(Back Office)는 국산이 훌륭하였고 선례들이 많아 걱정이 되지 않았지만, 문제는 CMS(Casino management System) 구축이었다. 국내 사례가 거의 없어 외국기술을 도입할 수밖에 없었다. CMS는 강원랜드의 핵심적인 시스템으로, 구축 성공여부가 대단히 중요하였다.

입찰에서 용역을 수주받은 업체가 직원 4명을 미국으로 출장을 보낼 때 우리도 직원 2명을 같이 보냈다. 그런데 출장간 지 보름이 지나도 업무 진척 사항에 대한 보고가 전혀 없었다. 직원한테 연락을 해 보니 업무 진행이 잘 안 되고 있다고 했다. 책임감이 의심스러울 정도로 조바심도 없는 듯 보였다.

결국 내가 가서 직접 해결해야 되겠다는 판단을 내렸다. 출장요청서를 올리자 사장님과 전무님은 간단한 이유로 출장을 가지 못하게 막으셨다. 첫째는 용역을 주었으니 업체가 알아서 문제없도록 처리해야 한다는 것이며, 둘째는 실장이 장기간 자리를 비우면 여기 일은 어떻게 할 것이냐는 이유였다. 지당하신 말씀이었다.

하지만 내 생각은 좀 달랐다. 그 이유로 첫째는 시스템 구축 기간이 너무 짧은 7개월이었다는 것이다. 바깥 업계의 시선은 7개월 내에 구축이 어렵다는 평가였다. 이 기간은 프론트 오피스와 백오피스 개발 구축에도 빠듯하다 했다. 둘째는 강원랜드 스몰카지노 개장일이 언론에 발표되었기 때문에 개장 전에 구축을 끝내고 테스트도 마쳐야 했는데 CMS 하나만 구축이 안 되어도 개장을 늦출 수밖에 없는 절박한 상황이었다.

나의 강력한 주장으로 두 분은 출장을 허락하셨고 나는 한 달 반의 여정으로 미국 출장길에 올랐다. 현지에 도착하니 사실 된 것도 없고, 되고 있는 것도 하나 없었다. 나는 업체의 계획을 묵살시키고 내 방식대로 업무추진 계획을 세워 진행하였다.

CMS 업체의 지원도 시원치 않았고, 대화도 원활하지 못했다. 짧은 시간에 해결할 수 있는 방안은 시스템 구축은 미국회사가 해결할테니 그 사이 우리는 처음 운영하는 CMS의 운영에 따른 문제점과 해결 방법을 준비하는 것이다. CMS가 무엇인지 직원들이 알고 있어야 다음 문제를 해결할 수 있는 것이다. 다른 여러 어려운 점도 상존했지만 계획대로 진행되어 출장을 마칠 수 있었다. 그리고 시스템 설치도 별문제없이 마무리되었다.

프런트 오피스와 백오피스는 국내 업체가 개발·구축하였는데 우선 대화가 되었고, 경험들이 있어 전체적으로는 마음에 들지 않았지만 개장에 문제되지 않을 만큼 완료되었다.

하지만 전혀 예상을 하지 못했던 1,000대의 슬롯머신과 CMS의 연결에서 커다란 문제가 발생하였다. CMS 개발회사의 제품인 머신 연결은 전혀 문제가 없었는데 두 가지 타사의 머신 60대는 CMS와 연결이 되지 않는다고 보고되었다. 머신 납품 대리점은 엔지니어를 보유하지 않아 해결 방법도 없었다. CMS 업체도 해당 머신을 납품하지 않아 책임이 없다며 무관심했다. 양사 간 협조가 전혀 안 된다는 것이다.

나의 시스템 엔지니어의 경험은 여기에서 진가를 발휘하게 된다. 처음에는 머신 납품업체에게 연결 방법을 설명해주었는데 무슨 말을 하는지 알아듣지 못하는 듯했다. 몇 번 조기해결을 요구해도 기본을 알지 못하니 답답해하기는 마찬가지였다. 결국 연결 방법을 순서대로 메모해주었고, CMS 납품업체와 협의해야 할 내용까지 세세히 알려주었다. 또한 CMS 업체가 지원해주지 않으면 내가 직접 할 거라고 알려주라 했다. 내용을 알게 되면서 양사 간 협조가 된 모양이었다. 제날짜에 스몰카지노는 무사히 개장되었다.

방법은 공정관리를 잘 안다는 것이었고, 그간의 경험으로 단위업무 수행의 우선순위를 잘 안다는 것이 해결의 핵심이었다. 프로젝트 수행에 있어 PM의 역할은 사업수행의 성패를 가름할 정도로 중요하다. '을' 사의 PM도 중요하지만 '갑' 사의 PM도 '을' 사가 모두 해결해주기를 기다리면 안 된다. '을' 사의 문제해결 능력이 없어 보이면 '갑' 사 PM이 해결책을 찾고 협업으로 문제를 해결해야 한다.

PM에게는 기술력과 일정관리 능력이 필요하다. 거기에 더해 지도력이 필요하다. 만일 PM의 능력이 좀 떨어짐에도 사업 수행이 성공했다면 필시 팀원 중에 반드시 능력자가 있었을 것임을 강조해 둔다.

지도력을 권위와 대비시키는 사람이나 조직을 많이 봐왔다. 리더십은 권위의 표현이나 표출이 아니다. 내가 알고 경험한 지도력은 내면의 전문성과 기술력 그리고 관심과 솔선수범이 결부된 권위이다. 표출이 아닌 조직으로부터 존경의 대상이 될 때 비로소 리더라 할 수 있다.

–전문가의 겸손과 서비스 마인드

엔지니어들은 기술이 조금 있다고 생각되면 여지없이 기술자로서의 나쁜 고집을 발동한다. 물론 힘 있는 지원부서의 직원들도 고집까지는 아니더라도 거드름을 피우는 것이 다반사임을 우리는 많이 봐왔다.

내가 만난 세계적인 명성이 있는 전문가는 고개가 절로 수그러질 정도로 겸손하였고, 상대의 인격을 존중하였고, 자기가 가지고 있는 기술을 최선을 다해 지원해주려 하였다. 우리 엔지니어들 혹은 힘 있는 자리에 있는 사람들은 생각을 다시 해 봐야 할 것이다.

현재 본인이 가지고 있는 기술은 영원하지 않다. 다만 다른 사람보다 조금 먼저 알고 있을 뿐이다. 이를 빨리 넘겨주고 새로운 기술 공부에 매진해야 전문가의 그릇이 될 것이다.

나는 배우고 느낀 점이 있어 찾아가는 서비스를 실천하였다. 카지노가 개장되고 나는 수시로 현장을 돌아보았다. 직원들이 시스템 사용에 익숙한지, 불편한 점은 없는지, 추가로 개발해야 할 것들이 무엇인지를 파악하기 위해서였다. 불시에 방문하자 부서장과 부서원들은 고마워했다.

어느 날 환전실에 갔는데 직원들이 돈을 손으로 세고 있었다. 그 많은 돈을 손으로 어떻게 세고 있단 말인가? 계수는 어떻게 할 것이며……. 나는 인터넷을 통해 지폐 및 동전계수기 자료를 찾아 담당부서인 재무회계팀장을 불러 자료를 주고 도입 추진을 하라고 했다. 팀장은 나 같은 타부서 사람이 자료를 주었기 때문인지 들은 척도 하지 않았다. 아무리 필요성을 말해도 없어도 잘 유지할 수 있다고 했다. 참으로 환장할 노릇이었다.

그렇다고 위에 고자질할 수도 없었다. 많은 사람들의 공무원 및 공공기관 직원들의 무책임, 안일함에 대한 얘기들이 허언이 아니었다. 결국 꽤 많은 사건들이 터지고 나서야 계수기가 도입되었으니, 그때까지 나는 속이 터질 수밖에 없었다.

-조직관리

나는 대학에서 간부 생활을 했고, 군에서 장교 생활을 했기 때문에 조직관리에 자신이 있었다. 우선 직원들에 대한 감성테스트를 하여 각자의 성격과 전문성대로 업무와 행동요령을 알려주었다. 6개월 후 다시 테스트하여 하고 싶은 해당 업무를 순환적으로 교체해주겠노라 하여 각자에 대한 비전을 주었다. 그들의 가정사에 대한 얘기도 많이 듣고 있어 직원들과 진실한 관계를 구축하였다. 리더와 조직의 관계를 축구팀에서 감독과 선수와의 관계와 임무, 공격진과 수비진의 역할, 유명한 선수와 그렇지 못한 선수들 간의 협력과 양보 그리고 겸손 등을 사례로 들어 협조와 각자의 책임에 대해 자주 이해시키려 노력하였다. 우리 부서의 단결력은 대단하였다. 회사 직원들에게 물어보면 정보전략실에서 일하고 싶다고 할 정도로 인기가 많았다.

나는 친화력이 있다는 얘기를 자주 듣는 편이다. 틈나면 여러 부서를 찾아다니며 업무내역이나 현 시스템 사용 시 불편한 점, 개선 혹은 추가되어야 할 업무들이 있는지 타진하였다. 업무분석과 특성분석을 위한 나름대로의 노력이었다. 만나는 사람들은 고마워했지만 내가 얻는 실익은 훨씬 많았다.

-에피소드: 비상소집

재미있는 사건이 하나 생각난다.

토목부장이 부친상을 당하여 간부 일행이 한차로 문상을 가게 되었다. 문상을 끝내고 태백에 도착하니 밤 10시가 넘었다. 차에는 기획실장, 홍보부장, 호텔관리팀장 그리고 나, 네 명이 있었는데 시간도 늦었으니 밥도 먹을 겸 한잔하자고 해서 조그만 해장국집으로 갔다. 술 한잔을 하는데 그중 한 명이 농담을 하였다. 우리 부서에 여직원 한 명이 있었는데 그 여직원을 거론하면서 나에게 말했다.

"실장님. 지금 시간에 여직원을 부르면 나올까요?"

"부르면 나오겠지. 그런데 이 시간에 왜 불러?"

그러자 다른 부서장이 내게 물었다.

"실장님. 이 시간에 직원들을 부르면 몇 명이나 나올까요?"

"아마 전원이 나와야 되지 않겠어."

이 말이 씨가 되어 기획조정실장이 내기를 걸어왔다. 직원들을 호출하여 어느 부서 직원들이 많이 나오는지 내기를 해서 진 부서가 이긴 부서의 전체 회식비를 내도록 하자는 내기였다. 나는 간단히 '우리는 전원이 나올거다' 하고 호언장담했다. 그러고는 생각해보니 지금 간부들이 모여서 무슨 짓거리들을 하고 있는 건가 싶었다. 정신이 번쩍 들었다. 아무리 할 일이 없다고 하더라도 간부라는 사람들이 술 마시다가 장난으로 직원들을 집합시킨다니 이건 말도 안 되는 작패라고 생각되었다.

"지금 우리가 무슨 짓들을 하고 있는지 모르겠다. 나는 우리 직원들을 집합시키면 100% 나올 것을 의심하지 않는다. 하지만 이건 간부들이 할 일이 아니라고 생각한다."

세 사람은 '에이 어떻게 100%를 장담해요? 질 것 같으니까 못 하는 거죠?' 라면서 약을 바싹 올렸다. 이걸 어떻게 해야 하나, 내기에 응하자니 직원들에 대한 간부로서의 체면과 태도가 거슬리고, 내기를 거절하자니 정보전략실의 위상과 나의 자존심에 큰 상처가 될 것 같았다.

"정말 당신들이 원하는 거야? 난, 딱 전화 한 통화면 끝나."

그리고 전화를 걸려고 밖으로 나왔다. 전화 한 통화로 우리 부서 전 직원을 부를 전략과 자신이 있었기 때문이었다. 하지만 전화를 걸까 하다가 아무래도 이건 아니다 싶어 다시 음식점으로 들어왔다.

"하지 말자. 아무리 생각해도 이건 아닌 것 싶다."

"에이, 질 거 같으니까 빼는 거죠? 그럼 졌다고 선언하고 내일 기획실 직원들에게 한턱내세요. 그럼 되겠네."

등의 야유가 쏟아졌다.

나는 나중에 어떻게 되든 이들에게 지고 싶지 않았고, 또 우리의 단결된 모습을 보여주어야겠다고 결심하고 마지막으로 한마디 하였다.

"알았어. 하자. 내가 이렇게까지 얘기했는데 만일 문제가 생기면 모두 당신들이 책임져!"

그리고 밖으로 다시 나왔다.

시간은 조정되어 지금 당장이 아니라 내일 아침 6시까지 현재 우리가 있는 곳으로 집합시키는 것으로 했다.

나는 밖에서 담배 한 대를 피우면서 지금 하는 일이 맞는 건가 고민을 하다가 전화를 걸었다.

"내일 오전 5:30까지 전원 사무실로 집합할 것!"

그 한 통화로 끝이었다.

당시 기획실은 15명의 직원이 있었고, 우리 정보전략실은 23명의 직원이 근무하고 있었다. 테이블로 들어오자 기획실장은 한 명 한 명에게 전화를 걸고 있었다. 어떤 친구는 전화를 안 받는다며 난리였다. 밤 12시가 넘었는데 전화를 받는 직원이 있는 게 다행이라 생각되었다.

나는 기획실장이 전화를 하든 말든 내버려두었다. 승리는 우리의 것이라 확신하면서 천천히 술잔을 기울이고 있었다. 그러는 사이 밤을 꼴딱 새워 새벽 5시가 넘어갈 무렵 전화가 왔다.

"직원들이 모두 모였습니다. 한 사람이 아직 안 왔는데 오고 있는 중이라 합니다."

"그래 알았어. 모두 차에 나누어 타고 지금 출발하여 어디로 오고, 오고 있는 한 사람은 사무실로 가지 말고 이리로 바로 오라고 해."

6시가 되었다. 우리 부서 직원들은 2명만 제외하고(2명은 24시간 근무처라 하늘이 두 쪽 나도 비울 수 없는 자리이기 때문에 제외되었다) 21명 전원이 모였고, 기획조정실은 15명 중 딱 2명만 왔다.

세 간부들은 입을 다물지 못했다. 조폭 집단도 아니고 어떻게 된 일이냐고 물었다. 나는 아무 소리도 하지 않았다. 단지 우리 직원들에게 미안할 뿐이었다.

직원들을 데리고 사무실로 들어와 자초지종을 얘기해 주었다.

"간부들이 할 짓이 아니어서 여러분들에게 대단히 미안하지만 그래도 얻은 게 더 많아 기쁘다. 만천하에 정보전략실의 단결된 모습을 그대로 보여주었으니 앞으로 우리가 일해 나가는 데 많은 도움이 될 것이다. 여러분 생각은 어떠냐?"

"잘 하셨습니다. 사실 우리도 모두 나오리라고는 생각 못 했는데, 놀랐습니다."

이 일을 계기로 정보전략실의 긍정적인 자부심을 갖는 계기가 되었다. 그날의 내기로 기획조정실로부터 회식비도 받지 않고 그냥 넘어가 주었다. 회식보다 더 큰 걸 얻었기 때문이다.

리더는 충분한 경험의 기술력과 전문성으로 존경받아야 한다. 리더의 덕목은 솔선수범은 물론이거니와 겸손을 겸비한 원칙 있는 행위를 통한 권위라는 것이 나의 소신이다.

-리더가 해야 할 일

시스템 구축 입찰공고를 무사히 마치고 직원들을 20여 명 채용하였는데 사무실이 협소하여 폐교된 갈래초등학교의 교실 한 칸을 임시로 사용하였다. 문제는 점심식사를 어떻게 해결하느냐였다. 주변에 식당도 없고, 식당까지는 거리가 멀어서 차로 이동해야만 했다.

나는 고민 끝에 동네를 돌아다니며 점심식사를 제공해 줄 가정이 있는지를 찾았다. 그 가정에도 도움이 되고 우리의 점심도 해결된다면 일석이조가 아니겠는가?

적당한 한 가정집이 나타났다. 시어머니와 부부, 그리고 취업이 안 된 장성한 남매가 있는 가정집이었는데 남편은 몸이 불편하여 집에서 쉬고 있어 사정이 조금 딱한 집이었다. 소문에는 음식도 잘하고 가족 모두가 인간성도 아주 좋다고 평이 나 있어 마음에 들었다. 집에 들어가 보니 방 두 개를 트면 여러 명이 식사할 수도 있어 환경도 나쁘지 않았다. 주인아주머니를 만나 점심을 해줄 수 있겠느냐고 물었다. 메뉴는 아주머니가 알아서 준비해주시는 것으로 결정하였다.

우리 부서는 아주 행복하게 점심을 해결하였다. 매일같이 뭘 먹을까 고민하지 않아도 되었고, 아주머니 음식 솜씨가 좋아 직원 모두들 맛있게 먹을 수 있었다. 가끔 미리 부탁하여 부서 회식도 거기서 했으니 많은 문제가 해결되었다. 나중에는 다른 부서까지 모여들어 오붓했던 우리의 점심 분위기가 더 복작대기도 하였다. 그 집 아이들도 회사에 취직이 되어 아주머니와 할머니는 나에게 매우 고마워했다.

어느 날은 할머니가 예고도 없이 사무실로 찾아오셔서 넥타이와 핀을 내미셨다. 아무리 거절을 해도 기어이 놓고 가셨는데 감사의 표시를 받아도 되는 것인지 찝찝하기도 했다. 그 핀은 아직도 소중히 간직하고 있다. 강원랜드를 떠난 지 10년이 넘었다. 할머니는 건강히 잘 계실는지, 어려운 생활환경은 좀 나아졌을는지 궁금하다. 시간 내어 한번 찾아뵙고 싶다.

강원랜드 퇴사

스몰카지노 시스템 구축이 끝나고 운영에 전념하게 되고, 메인카지노 시스템 제안요구서 작성을 준비하면서 잠시 고민에 빠진 적이 있다.

시스템 구축이 끝나면 운영이 남는데, 사실 단순한 생각으로 보면 시스템이 수시로 망가지거나 오작동이 많으면 모를까 시스템이 안정적으로 잘 돌아가면 운영에 고급인력이 매달려 있을 필요는 없다. 큰 포부를 가지고 있는 사람에게 운영을 맡는다는 것은 개인 발전을 저해하는 쥐약일 수 있다.

나는 50의 나이에도 아직 해야 할 일, 할 수 있는 일이 많이 남아 있다고 자신하고 있었다. 만들어 보고 싶은 나의 발명품도 개발해야 했는데, 시골생활은 편하기는 하지만 정보 전달이 늦어 시간이 가면 갈수록 머리가 단순해지고 퇴화되는 것 같은 느낌을 받았다.

그런데 공교롭게도 퇴사할 수밖에 없는 사건이 터져 억울함을 무릅쓰고 퇴사를 할 수밖에 없었다. 여기에 퇴사 사유를 밝히는 것은 일부 있었던 오해를 풀고, 나의 명예회복 차원과 앞으로 이런 유사한 일이 또 있으면 안 된다는 생각에서이다.

메인카지노 시스템 구축의 중요성을 감안하여 거취 문제는 메인카지노가 정상적으로 개장된 후로 미루기로 하고 메인카지노 통합 시스템 구축 RFP 준비에 몰두하였다.

CMS 부분은 어차피 해외 솔루션(Solution)을 도입해야 하기 때문에 영어에 조금 익숙한 내가 맡기로 하고 백오피스(Back Office), 프런트 오피스(Front Office) 부분은 용평에서 18년간 이 분야에 전문가라고 할 수 있는 개발팀장이 맡기로 하고 보안을 철저히 하여 작업에 착수하였다. 시스템 구축이 안정적으로 끝나면 거취 문제를 걱정하리라 생각했던 문제는 의외의 사건으로 결딴나고 말았다. 이 사건은 내 인생에 있어 너무 치욕적이어서 사건 개요부터 쓰면 책 한 권 분량이 될 것이나 간추려 얘기하면 이렇다.

RFP 작성이 끝나 감사실에 사전 감사 및 구매요청을 위하여 서류 일체를 감사실과 구매부로 이관하였다. 통상적으로 감사 의견과 구매부의 다른 의견이 없으면 제안서 접수, 평가 일정 등은 구매부와 상의하고 평가 장소, 평가위원 선정 및 평가 진행은 주관부서인 정보전략실에서 추진하는 것을 관례로 해왔었다. 예를 들면 평가위원을 3~5배수 선정하여 임원들에게 제출하면 무작위로 7명을 선정하여 평가위원들에게 의사타진 및 평가요청을 하게 되는데, 이때 3~5배수의 평가위원을 선정할 때 전문성이 매우 중요하게 고려되어야 함은 당연할 것이다. 또한, 평가 진행에서도 우리(발주자)가 필요한 업무내용을 설명하고 우리에게 적합한 제안서를 선택해주기를 요청하여야 하는데, 전적으로 평가위원들에게 의존한다는 것은 향후 결정된 후에 시스템 구축에 실패하는 등 참담한 사고가 발생할 여지가 매우 높다.

실제로 내가 퇴사한 후 업체 선정이 잘못되어 기간 내에 개발에 성공하지 못하여 직원들 급여를 제때 주지 못했거나, 시스템의 기능 일부가 미비하여 추가 중복 발주를 내거나, 해외 솔루션 업체로부터 개발 동의를 받지 못해 용역시행 몇 개월 후 계약이 파기되는 등, 시간적·금전적으로 막심한 손해를 받았다. 전원 외부 평가위원으로 심사를 하면 공정성을 담보로 할 수 있는 장점이 있는 반면 강원랜드의 실상을 정확히 파악하지 못한 상태이거나 준비가 안 된 업체를 선정하는 결과를 초래하게 되어 그 프로젝트의 수행 실패로 이어지기 때문이다.

강원랜드는 개발 용역에 관한 한 전원 외부평가위원에 의존하기 때문에 평가위원명단이 사전에 유출되지 않고는 입찰비리가 생길 수 없는 입찰진행 방식을 택하고 있었다. RFP가 추가 의견 없이 통과되어 공고 등 향후 일정이 남았을 때 사장님께서 전화로 '지금부터 업체선정에 관한 모든 일은 구매부에서 할 테니 최 실장은 여기에서 손을 떼라' 고 하셨다.

나는 바로 제안요청서 관련 서류 일체를 구매부로 넘겨주었다. 나는 업체 선정과 관련된 책임을 지지 않아도 되니 편해졌다고 생각했지만 뭔가 꺼림칙한 생각을 지울 수 없었다. 전무님께 보고 드렸더니 뭔가 생각이 있으신지 하라는 대로 내버려두라고 하셨다.

입찰공고가 나가고 업체들이 제안서를 제출했다. 평가 바로 전날 나는 구매부장의 전화를 받았다. 사장님이 지시하셨는데 나와 개발 팀장은 평가장에 참석하라 하셨단다. 내가 참석할 필요는 없을 거라고 전무님께 보고 드렸더니 전무님께서도 가지 말라 하셨다. 참으로 묘한 뉘앙스였다. 구매부장에게 전무님으로부터 출장허가를 받지 못해 가지 못하겠다고 하니 구매부장은 사장님 특명으로 안 가면 안 된다고 했다. 어쩔 도리 없어 전무님께 보고하고 팀장과 함께 평가장으로 갔다.

평가장에서 우리가 하는 일은 거의 없었다. 간단히 시스템 도입개요만 얘기하고 질문이 있을 때 나오기로 하고 다른 방에서 아무 일 없이 대기하고 있었다. 시간이 다 되어 제안 부적격 업체가 발견되어 입찰 자체가 유찰되었는데, 구축 시간이 없으니 부적격 업체를 제외하고 나머지 업체들로 평가하여 결론을 내주십사 읍소하였으나 통과되지 못하고 입찰은 유찰되었다.

문제는 다음 날 벌어졌다. 내일신문에 강원랜드 입찰비리 기사가 일 면 톱기사로 뜬 것이다.

기자가 어떤 루트로 평가위원 명단을 입수하였는지 알 수 없지만 평가위원들에게 전화를 걸어 언제 평가위원으로 통보 받았는지와 모 업체로부터 연락을 받은 일이 있는지를 물었고 6명의 위원이 통보 받은 후 10~15분 무렵에 모 업체로부터 잘 봐달라는 연락을 받았다는 내용을 담고 있는 기사였다.

회사가 발칵 뒤집힌 것은 당연하였다. 모든 업무를 구매부에서 진행했기 때문에 나는 일이 어떻게 돌아가는지도 모르는 상태였다. 다음 날 사장님은 나와 팀장 그리고 구매부의 담당 팀장에게 6개월 업무정지 징계를 내리셨다. 그리고 감사실에 감사 의뢰를 하였다. 검찰에도 조사를 의뢰하였다.

통상적으로는 감사의견을 보고 난 이후 검찰 조사 후 결과에 따라 문책할 일이 있으면 그때 처분하여도 될 것을 아무 죄도 없는 사람을 징계한다는 것은 앞뒤가 맞지 않는 것이었다. 분명 거물급으로 희생양을 선정하고 빠른 시간에 사건을 봉합한다는 얄팍한 결정임에 틀림없었다. 퇴사 몇 년 후 사건수습 회의에 참석했던 한 팀장이 그 사실을 확인하여 주었다.

감사실은 실장과 개발팀장은 사건과 무관하다는 의견을 집행부에 통보했는데 무시되었고, 심지어 사장님은 감사실 담당 2명을 불러 내가 있는 앞에서 '최 실장의 입찰비리를 바로 대라' 고 윽박질렀다. 두 사람 모두 '최 실장은 사건과 무관한 것으로 조사되었습니다' 했는데도 서류파일을 직원들에게 내던지면서 조사가 잘못됐으니 똑바로 하라고 소리를 질렀다. 두 사람은 아직도 강원랜드에서 열심히 근무 중이다.

감사님 면담을 요청하여 사실을 알려달라고 부탁하였는데 감사님도 '너는 사건과 무관하다' 고 하셨고, 영월지검의 담당검사도 '당신은 사건과 아무 관련이 없다' 고 했다. 개인적으로 검사를 또 찾아갔다. 사건과 무관하다는 결과를 회사에 통보해달라고 부탁했다. 그래야만 정직에서 풀려날 수 있기 때문이었다. 검사는 그런 일까지 하는 곳이 아니라며 더 이상 찾아오지 말라고 했다. 기자도 만났다.

내게 힘이 없다는 것이 이렇게 허탈할 수 없었다. 본 기사가 사실이라면 중대한 사건인데 왜 검찰의 심층조사가 이루어지지 않는지 답답하기만 하였다. 결국 사건 조사는 흐지부지되고 말았다.

나의 유일한 우군이었던 전무님도 임기가 몇 개월 안 남았었는데 돌연 사직을 하여 나는 외톨이 신세일 수밖에 없었다. 어디에고 하소연할 곳이 없었다. 세 사람은 임원 기사 대기실에서 3개월을 지냈다. 모두들 사실을 알고는 있었지만 어떻게 하지 못하고 안타까워할 뿐이었다.

내가 판단할 때 키는 구매부장이 쥐고 있는 게 확실하였다. 그러나 구매부장에게 사실을 얘기해 달라고 하여도 그는 묵묵부답이었다. 사건이 터지고부터 구매부장은 매일 저녁마다 술과 담배에 찌들어 들기 시작했고 매일같이 부인이 차로 데려가곤 했다. 몇 년 후 사장도 퇴직을 하고 구매부장은 사망하였다.

사장이 바뀌었다. 속으로 이젠 사실이 밝혀지겠지 했는데 인수인계가 어떻게 되었는지 모르지만 나의 의견은 받아들여지지 않았다. 징계위원회도 허수아비였다. 정직 3개월을 남겨두고 회사와 협상을 했다.

"아무 죄 없이 정직을 당해 억울하지만 회사가 나를 반기지 않으니 퇴사하겠다. 단, 나와 관련된 정직 자료를 없애 달라."

내가 내건 조건이었다. 이를 회사가 수용하여 2003년 3월 31일자로 퇴사하였다.

하지만 나는 퇴사 후 직원들과 근무 시 만났던 지역주민들과의 끈끈한 유대관계를 10년이 지난 지금까지도 유지해오고 있다.

캄보디아 카지노 시스템 구축

　나는 운 좋게도 또 하나의 카지노 시스템을 구축하는 경험과 영광을 얻게 되었다.

　강원랜드에서 호텔실장에서 호텔본부장까지 하셨던 분(호형호제했던 사이)에게서 전화가 왔다. 캄보디아에서 '라스베이거스 선 카지노 리조트(LasVegas Sun Casino Resort)'라는 신설 카지노 리조트를 건축 중인데 전체 시스템 구축을 맡아달라는 요청이었다. 개장 예정일은 6개월 후였다.

　개발 환경은 매우 열악하였다. 건물은 터 파기가 끝나고 1층 슬라브를 칠 정도였고, 이제 막 직원들을 채용하여 교육 및 업무 수행 예비훈련을 시작할 단계였다. 무엇보다 괴로운 것은 통신 상태였다. 거짓말 조금 보태어 인터넷 검색을 할 때 색인어를 치고 화장실을 다녀와야 겨우 답이 나올 둥 말 둥 했다. 원인은 회선의 부족이었는데 캄보디아 국선 2회선·4회선은 바로 옆 국가인 베트남에서 빌려 쓰고 있었다.

직원들도 지원부서, 카지노 매니저 정도만 한국인이었고 실무 직원들은 인근 9개국에서 모여든 외국인들로 구성되어 있었다. 전산실 직원은 베트남인 1명, 캄보디아인 1명, 단 2명이 있었다. 강원랜드 시스템 구축을 시작할 때에도 직원은 과장, 대리 단 2명이었다.

경험이 있었으니 분석에는 별로 시간이 들지 않았다. 분석 겸 설계를 시작하였다. 예산이 태부족하였지만, 강원랜드 대비 컴퓨터 구성이 커서도 안 되고, 말 그대로 맞춤 시스템이어야 했다. 여기에서도 나의 분석과 특성 파악 능력은 빛을 발하게 된다.

① 카지노 업무는 강원랜드 범위보다 적어도 된다.
② 모든 시스템은 영어로 되어야 한다.
③ MIS 부분, 특히 인사와 회계분야는 캄보디아 법과 규정을 따라야 한다.
④ 사용자 수준은 매우 낮은 편이다.
⑤ 주요 관리자는 한국인이다.
⑥ 일정이 부족하다. 업무의 우선순위를 찾고 정해야 한다.
⑦ 전산실 직원의 훈련과 기술지원 방법 교육은 어떻게 할 것인가?
⑧ 전체 직원에 대한 교육 일정을 회사 교육일정과 맞추어야 한다.

우선 직원들과의 격의 없는 관계유지와 신뢰 쌓기가 필요하였다. 캄보디아는 우리나라 60년대 수준으로 프놈펜이나 큰 몇 개 도시 외에는 포장된 도로가 없었다. 그렇지만 국민행복지수는 우리나라보다 훨씬 높은 나라이다.

거기서도 나의 친화력은 빛이 났다. 한 달 정도 지나면서 나를 따르는 캄보디아, 베트남, 필리핀 친구들이 많이 생겼다. 어떤 베트남 여자 분은 메콩강에서 잡았다는 소금에 절여 말린 물고기를 식사 때 먹으라고 갖다 주기도 하였다. 물고기는 우리나라 굴비와 생김새도 비슷했지만 맛도 똑같아 놀랐던 기억이 있다.

어떤 캄보디아 친구는 세계 최고의 과일이라 부르는 두리안이란 과일을 한 보따리 선물로 주어 냉장고에 넣어두고 한동안 잘 먹기도 했다. 들어서 알겠지만 두리안은 명성과 달리 썩은 냄새가 심하여 웬만한 사람들은 잘 못 먹는 과일인데 나는 아주 달고 맛있게 먹었다. 인사부장을 맡고 있던 보쿤이라는 친구는 나를 큰형님이라 부르며 따랐고, 내가 철수한 후에 한국에 와서 10일을 나와 동고동락하며 강원랜드, 경포대 등 여러 곳을 구경하기도 했다. 보쿤은 캄보디아에 카지노 허가를 받을 수 있으니 투자자를 모집해보라고 했지만 별로 추진은 되지 않았다.

지인이 많아질수록 시스템 구성의 윤곽(Outline)이 정해지게 되었고, 직원들의 능력이나 기술 수준도 정리되었다. 시스템 구축의 우선순위는 CMS(카지노 관리 시스템) 도입으로 정했다. 중요성도 있거니와 시간상으로 MIS가 훨씬 시간이 많이 필요하다는 결론을 내렸기 때문이었다.

CMS는 호주 제품으로 선정하였다. 최종 구입을 결정하기 전에 호주 본사로 날아가 회사의 규모, 지원체제, 기술지원 가능성을 직접 확인하는 절차도 잊지 않았다. CMS는 내가 생각하기에도 매우 저렴한 금액으로 도입할 수 있었다.

문제는 프런트 오피스(Front Office)와 백오피스(Back Office) 시스템 도입이었는데 캄보디아에서 운영 중인 시스템의 종류나 기능, 성능에 대해 아는 게 없었다. 당시 한국에의 프런트 오피스나 백오피스 시스템 개발 구축 능력이나 기술 수준이 상위권에 속해있다고 판단하고 있었기 때문에 국산을 도입하여 영문으로 변환해야겠다고 결정하고 한국 업체를 선정하였다. 내심으로는 조그만 애국의 일환이기도 했다. 한국 기술도 해외로 진출하려면 영문 기술이 필요할 것이라는 생각이었다.

변환은 뜻대로 만만하지 않았다. 미처 생각지 못한 자만이었다. 첫 번째 문제는 한국 기술자들이 캄보디아 법을 모른다는 것이었고, 두 번째 문제는 영어를 못해 사용자와 의견 소통이 안 된다는 것이었다. 결국 영어를 조금 하는 내가 중간역을 함으로써 변환도 무사히 마칠 수 있었다.

부사장은 은근히 철수하지 말고 여기에서 함께 하자고 하였으나, 국내에서 벌여놓은 일도 있고 나의 마지막 개발이라 생각했던 '수질오염측정 모니터링 시스템' 개발이 남아 있어 개장과 동시에 철수하였다. 이로써 나는 한국에 몇 안 되는 카지노 시스템 전문가라는 자부심을 갖게 되었다.

-에피소드: 나눔

강원랜드 재직 당시, 직장 생활의 마지막이라 결심하던 때였기에 지역에 무엇인가 도움 되는 일을 해야겠다고 결심했었는데 그 첫 번

째가 후원이었다.

첫 급여부터 무조건 10만 원씩 떼기로 마음먹었다. 아직 빚 갚는 것도 조금 남아있기는 했지만 이것저것 머리를 굴리면 아무것도 할 수 없겠다 싶어 결행을 다짐하였다. 마침 사북고등학교 선생이었던 후배로부터 여학생 한 사람을 소개받았고, 지역에서 봉사활동을 열심히 하고 있었던 다른 후배로부터 또 한 학생을 소개받았다.

만나본 적도 없고, 알지도 못하지만 자동이체로 두 학생의 후원을 시작하였다. 나의 후원활동은 후배 두 사람 외에는 아무도 몰랐다. 심지어 같은 부서 직원들도 눈치 채지 못하게 했다.

그런데 2002년 겨울에 두 학생 중 한 명을 어쩔 수 없이 만나게 되었다. 그 여학생으로부터 강원대학교 입학시험에 합격하였는데 입학금이 없어 입학을 포기해야 한다는 얘기를 듣게 되었다. 나는 고민 끝에 부서 직원들에게 이 얘기를 전하였다. 나는 50만 원을 내놓으려 하는데 여러분들도 도와줄 의사가 있으면 십시일반하면 어떨지, 강제가 아니니 여유 있는 만큼만 도와주면 좋겠다고 했다.

다음날 직원들이 고맙게도 거금 60만 원을 모아왔다. 문제는 전달 방법이었는데, 날을 잡아 부서회식을 하고 후배 선생과 여학생을 초대하기로 결정하였다. 그래서 결국 회식 자리에서 돈을 전달하고 뜻 깊은 회식을 할 수 있었다. 전해들은 얘기로는 지역 분들이 입학금과 쌀을 모아 전달하여 무사히 입학하였고 자매는 춘천으로 이사를 했다고 들었다.

캄보디아에서도 우연히 도로변에서 어머니와 리어카에 인스턴트 음식, 커피, 개비 담배, 캄보디아 음료수 등을 파는 11살짜리 여자아이를 만났는데 아이스커피를 사먹게 되면서 친하게 지냈다. 그 아이에게 지금 소원이 무엇이냐 물었는데 자전거를 사는 것이라 했다. 그 아이가 파는 아이스커피는 4잔에 1달러였다. 나는 한 잔에 1달러를 내고 커피를 마셨고, 얼마 후 여자아이가 자전거를 샀다며 좋아하는 모습을 볼 수 있었다. 조그만 도움이지만 뿌듯함도 함께 느낄 수 있었다.

캄보디아에서 지내면서 킬링필드와 앙코르와트도 볼 수 있었다. 처참한 살육과 건축에 400년 이상 걸린 앙코르와트는 거의 기적 같은 건축물이었다.

베트남의 구찌터널도 관광하였다. 베트남 사람들이 얼마나 영리한 국민인지 한눈에 알아볼 수 있는 인공터널이었다. 미국인 월남전에서 맹폭을 하였어도 승전하지 못했던 것은 다 이유가 있었다.

-에피소드: 운명에 도전

강원랜드 퇴사 후 나는 필생의 마지막 개발품으로 선정한 '수질오염측정 모니터링시스템' 개발을 위해 제2의 창업을 하였다. 개발방법이나 어려운 환경들은 이미 언급하였고 9년간 모진 세월의 개발은 특허 3개를 남긴 채 종지부를 찍고 말았다.

어느 어르신이 맨 처음 한 얘기인지 모르지만 '인생은 마무리를 잘해야 한다' 는 말이 머리에 쏙 박혔다. 나의 마무리를 위해 또 다른 도전을 할 것인가? 이제 할 일은 다 했으니 주저앉을 것인가?

사업에 종지부를 찍고 갈 곳 없어 헤매는 나에게 그간 돈독히 지냈던 군에서의 사병 출신인 김 병장이 전기공사를 하고 잔금을 못 받아 집을 대신 받아 놓은 게 있는데 와서 살 생각이 없느냐 물었다.

물론 보증금도 월세도 필요 없고, 사용한 물세와 전기세만 내면 된다고 하였다. 하늘이 무너져도 솟아날 구멍이 있다더니 바로 그 형국이었다.

나는 9년간 정이 들었던 모든 가구와 집기들을 20만 원에 고물로 처분하고 친구가 공사대금 대신 확보한 빌라로 이사할 수 있었다. 때는 한겨울이었다.

그런데 문제는 첫날부터 시작되었다. 물과 전기는 들어오는데 건물이 준공검사를 필하지 않아 가스가 들어오지 않는 것이었다. 방이 추우니 방 전체는 곰팡이로 덮이기 시작했다. 곰팡이는 닦아도 또 닦아도 없어지지 않았다. 방 전체가 눅눅해지고 습기와 곰팡이 냄새가 뒤섞여 썩은 냄새가 진동하였으나 딱히 갈 곳도 없으니 종일 방 안에 처박혀 냄새와 동무를 해야 했다. 이불을 두 겹씩 깔고 덮어도 춥기는 마찬가지였다. 차라리 양지쪽에 쪼그려 앉아있는 것이 더 따뜻했다.

전기세, 물세는 간간이 누나들이 몇 푼씩 주는 용돈으로 겨우 해결하였다. 하루 한 끼 라면으로 해결했으나, 용돈만 생기면 라면보다 소주 사기에 바빴다. 술 없이는 하루도 못살 것 같아서였다. 추위도 잊고, 냄새도 묻어버리고, 무엇보다 아무 생각도 하지 말아야 했기 때문이었다. 그럼에도 죽어버려야겠다는 생각은 들지 않았다.

그러는 중에 더 큰 문제가 발생했다. 알고 보니 건물이 건축주와 시행자 사이에 법적 소송 중인 것이었다. 결국 집주인으로부터 집무단 점거라면서 집을 빼라고 연락이 왔다.

하루하루가 지옥이었다. 몰골은 말이 아니게 되었다. 내가 당장 나갈 곳 없는 입장이라 더욱 불안하였다. 밖에서 발소리만 나도 가슴이 두근거렸다. 당장 방을 빼라고 하면 난 뭐라고 설득하고 하루라도 더 버틸 수 있을까?

다음 해 봄날이 되기까지 버틸 만큼 버텨보았다. 죽기 아니면 까무러치라고 했던가. 시골에 큰형님 명의로 되어있는, 내가 태어나고 자랐던 집이 있었다. 허락을 받으면 시골로 내려가서 폐가 집을 손보고 관리하면서 시간을 벌기로 작정했으나, 내 이야기를 들은 큰형님은 일언지하에 반대하셨다. 친구도 필요하지 않아 전화는 끊고 살았다. 차도 대여였는데 월 납입이 몇 개월 미납되어 회수당하고 말았다. 손과 발이 꽁꽁 묶인 형국이 되었다.

우여곡절 끝에 4개월 정도 버텼을 무렵, 봄 냄새가 나기 시작한 3월 어느 날이었다. 그리 친하지는 않았던 고등학교 친구와 통화를 하게 되었는데 처박혀있지 말고 그럴수록 움직이라며 자기 동생 사무실로 나오라 했다. 처음엔 자존심 상한다는 생각에 주저하였으나 이내 사무실로 나가 밥도 얻어먹고, 처진 마음도 조금 다스릴 수 있었다.

그러다 어느 조그만 회사에 입사가 결정되었고, 2개월 치 급여를 모아 정식으로 임대료를 주고 집을 옮길 수 있었다. 책상 하나와 내 한 몸 누울 수 있는 쪽방이지만, 2년 넘게 아직도 그 집을 벗어나지 못했음에도 편안한 기분이다.

마음을 비운다는 말의 뜻을 몰라 애태웠는데, 이제 비로소 바로

마음을 비운 것인가 싶다. 오히려 일은 더 순조롭게 풀리는 것 같기
도 하다.

　'일은 사람이 하고 성취는 하늘이 한다' 는 말을 새기고 있다. 예
전처럼 조급할 필요도 없음을 깨우쳤다. 힘든 과정을 겪고 나서는
마음을 비우게 되었고, 이제 이 편안한 마음으로 여전히 도전을 꿈
꾸고 있다.

분석과 특성 파악 능력을 키우면
무엇이든 개발할 수 있다

나는 한동안 죽음을 두려워한 적이 있다.

한창 전문가 되기에 골몰하여 전문가가 되었다는 자긍심이 생겼을 때까지만 해도 죽음이 두렵지 않았고, 항상 겁 없이 도전했고, 운명에 대항했다.

그러나 사업을 하면서, 그리고 실패를 겪으면서 죽음이 두려워졌다. 세상에 태어나 아무것도 남기지 못하는 허망한 한세월을 보냈다는 자괴감 때문이었다. 죽음이 두려워지면서 기(氣)도 빠졌음을 한참 만에 알 수 있었다.

이제 다시 나는 죽음에 대한 두려움을 버릴 것이다. 여러분도 죽음을 두려워 말고, 겁 없이 도전해보았으면 한다. 동시에 호연지기(浩然之氣)를 키워 살아가는 동안 해야 할 일을 찾아 구체적인 목표를 세우고, 최선을 다해 목표를 향해 달려가시기 바란다.

좀 더 일찍 내 경험담을 나누었더라면 하는 아쉬움도 있지만, 졸필이 두려웠고 항상 쌓아야 될 경험이 부족하다고 생각했기 때문에 실행에 옮기기까지 너무 많은 시간이 흘렀다. 서투른 문장이라도 예쁘게 봐주시길 바란다. 개발은 외모에 있는 것이 아니라 가슴속에 있다는 것을 알아주면 좋겠다.

나의 체험은 다음 한마디로 정리할 수 있다.

'분석과 특성 파악 능력을 키우면 무엇이든 개발할 수 있다.'

이론과 방법론에서 원리를 찾으려 노력하고, 나의 생명력을 가진 분신이라는 심정으로 개발에 임한다면 반드시 예술과 같은 작품을 생산할 것이라 확신한다. 여러분도 훌륭한 전문가가 되기를 소망하며 꼭 그렇게 되도록 조금씩 능력을 쌓아보기를 소망한다.

기술이나 방법론은 수시로 변하기 때문에 신기술 개념을 알고 테스트하고 손에 익히느라 아까운 인생을 소비할 때가 많다. 완벽히 이해하지도 못한 채 말이다. 같은 시간에 이론서를 읽고 이해하는 시간보다 분석 능력을 키우고, 특성 파악 능력을 고취하는 것이 훨씬 쉽고 재미있고 성과가 빠르다.

오늘 하루 3시간 정도 공부를 하겠다는 계획이 세워지면 나 같으면 이렇게 할 것이다. 읽어야 할 책 한 권 아니면 주머니에 들어갈 정도의 분량을 들고 한 시간 거리의 지하철을 탄 후 지하철에서 책을 읽겠다. 의외로 머리에 잘 들어온다. 내용을 모르더라도 설렁설렁 읽어 내려갈 것이다(이론서 공부).

도착지에서 거닐기도 하고, 모르는 사람과 대화라도 하고, 관심 있는 나무와 풀들도 보고, 생면부지의 지나가는 사람들의 성이 무엇인지, 직업이 무엇인지 생각도 해 보면서 한 시간을 보내겠다(분석 능력 향상).

그리고 돌아오는 지하철에서 혹은 버스에서 책을 읽을 것이다(이론서 공부).

이 방법은 집에서 책상에 앉아 3시간 공부하는 것보다 훨씬 효과적이다. 양수겸장이니 한번 실험해보기 바란다.

　책의 내용상 핵심에 치중하는 바람에 일화들이 많이 빠질 수밖에 없었다. 다음엔 부록을 만들어 에피소드 모음집을 만들었으면 하는 바람이 있다.

이 책을 통해 제 사랑을 제대로 표현하기도 전에 돌아가신
어머니의 상처를 보듬어드리고 싶습니다.

겁 없이 도전하라